Land des Wilden Jägers

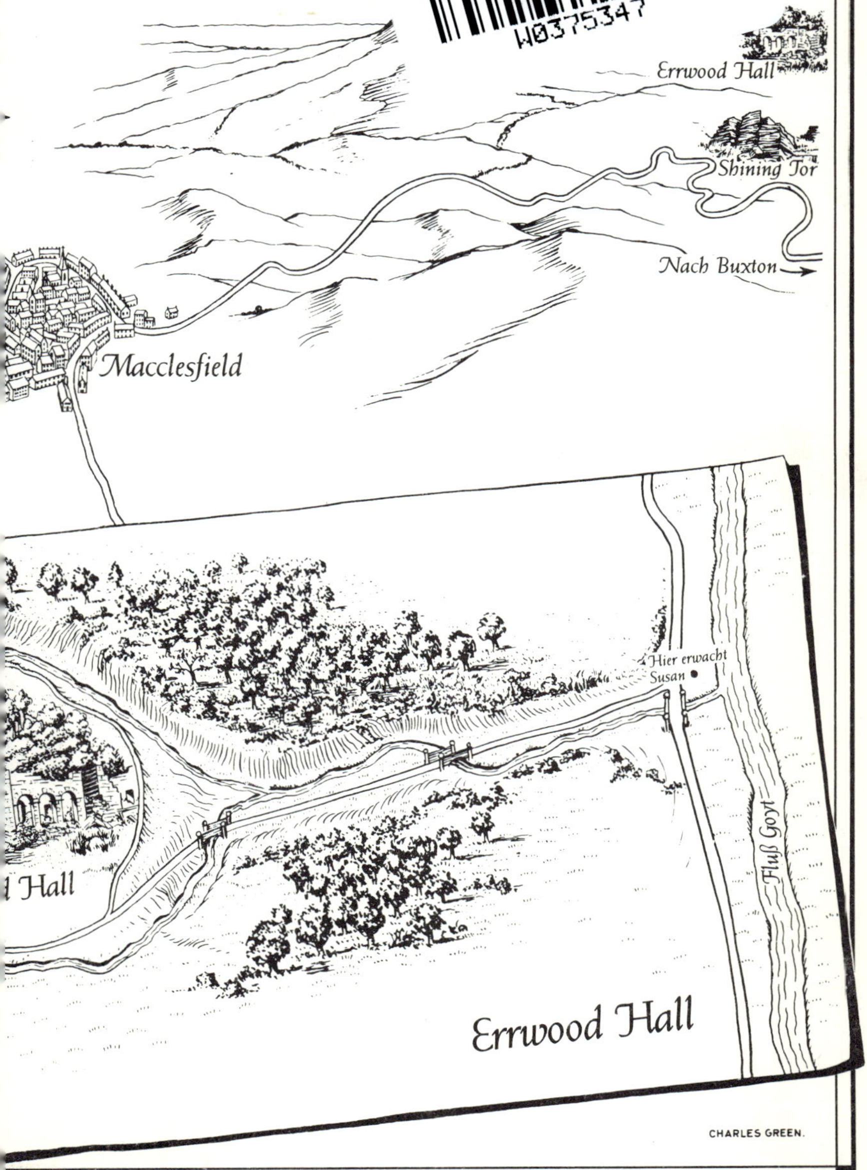

Alan Garner

Der Mond von Gomrath

EINE GESCHICHTE
UM ZAUBER
UND ALTE MAGIE

ÜBERSETZT VON
WERNER SCHMITZ

Diederichs

Die englische Originalausgabe erschien
bei William Collins Sons & Co. unter dem Titel
THE MOON OF GOMRATH

CIP-Kurztitelaufnahme der Deutschen Bibliothek
GARNER, ALAN:
Der Mond von Gomrath: e. Geschichte um Zauber u. Alte Magie
Alan Garner. Übers. von Werner Schmitz.
1. Aufl. – Köln: Diederichs, 1985.
Einheitssacht.: The moon of Gomrath ‹dt.›
ISBN 3-424-00834-6

Erste Auflage 1985

Umschlaggestaltung: Tilman Michalski, München
Satz: Lichtsatz Heinrich Fanslau, Düsseldorf
Druck und Bindung: May & Co., Darmstadt
ISBN 3-424-00834-6

Für Ellen
Adam & Katharine

Inhalt

Ein angenehmer Zeitvertreib wird's sein,
in diesem Buche zu lesen;
wie vielem man aber hierinnen
Glauben und Vertrauen schenken will,
steht männiglich frei.

WILLIAM CAXTON
31. JULI 1485

1

Die Elfen von Sinadon

Stürmisch und finster war es auf der Straße nach Mottram am Fuße der Edge, dem bewaldeten Berg bei Alderley. Laut rauschten die Bäume in der Dunkelheit. Wer aus irgendwelchen Gründen in dieser Nacht draußen sein mußte, drückte den Kopf tief in den Kragen und stemmte sich fast blindlings gegen den Wind, der aus dem Pennineschen Gebirge kam. Und das war auch gut so, denn unter den Bäumen ging etwas vor sich, das nicht für Menschenaugen bestimmt war.

Von einem Vorsprung der Edge drang ein Strahl blauen Lichts und durchschnitt die Dunkelheit. Er kam aus einer schmalen Öffnung in einem hohen, zahnförmigen Felsen, und in dieser Öffnung sah man ein weit aufgestoßenes Eisentor, und dahinter einen Tunnel. Schatten huschten über die Bäume, als eine wunderliche Prozession durch das Tor und in den Berg hineinschritt.

Es waren kleine Leute, nicht viel größer als einen Meter, mit gewölbten Brustkästen, Wespentaillen und langen dünnen Armen und Beinen. Sie trugen kurze ärmellose Wämser mit Gürtel, und ihre Füße waren bloß. Einige hatten Umhänge aus weißen Adlerfedern, die wohl eher als Rangabzeichen denn zum Schutz dienten. Sie hatten stark gekrümmte Bogen in den Händen, und an ihren Gürteln hingen Köcher mit weißen Pfeilen an der einen, und kurze breite Schwerter an der anderen Seite. Ein jeder ritt auf einem kleinen weißen Pferd; manche saßen stolz aufrecht, aber die meisten hingen kraftlos über ihren Sattelknäufen, und einige lagen absolut reglos auf den Kruppen ihrer Pferde und ließen die Zügel von anderen halten. Insgesamt waren es fast fünfhundert.

Neben dem eisernen Tor stand ein alter Mann. Er war sehr groß, und schlank wie eine junge Birke. Sein weißes Gewand und das lange weiße Haupt- und Barthaar flatterten im Sturm, und in der Hand hielt er einen weißen Stab. Langsam defilierten die Reiter durch das Tor in den lichtdurchfluteten Tunnel, und als sie alle darinnen waren, wandte der Alte sich um und folgte ihnen. Das Eisentor schwang hinter ihm zu, und nur noch nackter Fels blieb im Wind zurück.

So kamen die Elfen von Sinadon unbemerkt nach Fundindelve, der letzten Feste Hoher Magie in unserer Zeit; empfangen wurden sie von Cadellin Silberbraue, einem mächtigen Zauberer und Hüter der Geheimnisse der Edge.

2

Der Brunnen

»Nanu«, sagte Gowther Mossock, »was ist denn das?«
»Was ist was?« fragte Colin.
»Das hier im *Anzeiger*.«
Colin und Susan beugten sich vor, um die Schlagzeile auf der Mitte der Seite zu lesen, auf die Gowther mit dem Finger zeigte.

DIE TIEFE AUSLOTEN

Zu Spekulationen angeregt hat die Entdeckung eines etwa zehn Meter tiefen Brunnens bei Grabungsarbeiten vor dem Trafford-Arms-Hotel in Alderley Edge. Als Arbeiter der Firma Isaac Massey & Söhne die Straße aufrissen, um ein Wasserrohr freizulegen, entfernten sie eine Steinfliese, unter der sie eine Höhlung entdeckten. Das Nachmessen mit Hilfe eines Lotes ergab eine Tiefe von zehn Metern, die Hälfte davon Wasser. Der Brunnen hatte keinerlei Verbindung mit dem Wasserrohr, und obwohl man die Bedeckung nicht vollständig entfernte, kam man zu der Schätzung, der Hohlraum messe etwa zwei Meter im Quadrat und sei mit Steinplatten ausgekleidet.
Es wurde die Vermutung geäußert, daß sich in frü-

heren Zeiten eine Pumpe vor dem Hotel befunden habe, und daß die Ausschachtung nun den Brunnen freigelegt habe, aus dem damals das Wasser gepumpt worden sei. Eine andere Theorie lautete, es könne sich um einen Luftschacht handeln, der mit dem alten Bergwerk in Verbindung steht, welches sich ja recht weit auf den Ort zu erstreckt.

»Das Komische daran ist«, sagte Gowther, als die Kinder zu Ende gelesen hatten, »so lang ich mich erinnern kann, hat's immer geheißen, ein Stollen vom Kupferbergwerk käme in den Kellern des Trafford heraus. Und nun das da. Möcht wissen, wie das zu erklären ist.«
»Ich weiß gar nicht, was das soll«, sagte Bess Mossock. »Ist doch bloß 'n Wasserloch, wie man's auch betrachtet. Und meinetwegen kann's auch da bleiben.«
Gowther lachte. »Wo bleibt nur deine Neugier, Liebste?«
»Wenn man so alt ist wie ich«, sagte Bess, »und aufgeht wie 'ne Dampfnudel, hat man ganz andere Dinge im Kopf als irgendwelche Wasserlöcher. Und jetzt komm, hab dich nicht so. Ich muß noch einkaufen, und ihr seid auch noch nicht fertig.«
»Können wir uns das Loch mal ansehen, bevor wir heimfahren?« fragte Susan.
»Das wollte ich auch gerade vorschlagen«, sagte Gowther. »Ist gleich hier um die Ecke. Dauert höchstens 'n paar Minuten.«
»Na, macht was ihr wollt«, sagte Bess. »Vergnügt euch nur. Aber bleibt nicht 'n ganzen Tag, ja?«
Sie traten aus dem Kramladen auf die Dorfstraße. Zwischen all den geparkten Autos wirkte der grüne Wagen der Mossocks mit dem vorgespannten Schimmel Prinz wie ein

Relikt aus der Vergangenheit. Und die Mossocks standen dem nicht nach. Bess in ihrem weiten Mantel und dem runden Hut mit Krempe, den eine Hutnadel hielt, und Gowther in Weste und Kniehosen – sie hatten keinen Grund gesehen, den Lebensstil, der zu ihnen paßte, zu ändern. Einmal in der Woche kamen sie von Highmost Redmanhey, ihrem Bauernhof am Südhang der Edge, nach Alderley hinunter, um ihren Kunden Eier, Geflügel und Gemüse zu liefern. Am Anfang ihres Besuchs auf Highmost Redmanhey war Colin und Susan das alles sehr seltsam vorgekommen, doch hatten sie sich rasch an die Lebensweise der Mossocks gewöhnt.

Prinz neben sich, gingen Gowther und die Kinder das kurze Stück zum »De Trafford Arms«, einem Gasthaus in Fachwerkgotik, ganz im Geschmack der viktorianischen Epoche erbaut.

Dicht vor der Vorderfront des Gebäudes war ein Graben von etwa einem Meter Tiefe ausgehoben worden. Gowther stieg auf den Erdhaufen daneben und spähte in den Graben hinunter.

»Tja, das ist es.«

Colin und Susan kletterten ihm nach.

Ein wenig über dem Boden ragte die Ecke einer Steinplatte aus der Grabenwand. Ein Stück war aus der Platte herausgebrochen – ein etwa sieben Zentimeter großes Loch: das war alles. Susan nahm einen Kieselstein und ließ ihn durch die Lücke fallen. Eine Sekunde später, als er ins Wasser schlug, gab es einen lauten »Plumps«.

»Nicht sehr vielsagend, hm?« meinte Gowther. »Könnt ihr was sehen?«

Susan war in den Graben gesprungen und linste durch das Loch.

»Der Schacht – ist – rund. Sieht aus, als ob da so eine Art Rohr drinsteckt. Mehr kann ich nicht sehen.«
»Vielleicht ist's ja wirklich nur ein Brunnen«, sagte Gowther. »Schade: hab mir immer gern vorgestellt, daß an der alten Geschichte was dran wäre.«
Sie gingen zum Wagen zurück, und als Bess ihre Einkäufe erledigt hatte, setzten sie ihre Auslieferungsfahrt fort. Erst spät am Nachmittag waren sie mit allem fertig.
»Ich nehme an, ihr werdet wieder zu Fuß durch den Wald nach Hause gehen wollen«, sagte Gowther.
»Ja, bitte«, sagte Colin.
»Nun ja, ich finde zwar, ihr solltet das besser bleiben lassen«, sagte Gowther. »Aber wenn ihr unbedingt wollt, dann geht nur – obwohl ich kaum glaube, daß ihr was finden werdet. Und denkt daran, schnurstracks nach Hause zu gehen. In einer Stunde wird's dunkel, und nachts ist es nicht ungefährlich in diesem Wald. Ruckzuck, und schon seid ihr in einen Bergwerksschacht gefallen.«

*

Colin und Susan gingen am Fuß der Edge entlang. Sie machten das jede Woche, während Bess und Gowther mit dem Wagen heimfuhren; und auch sonst verbrachten sie jede freie Minute damit, auf diesem Berg herumzuwandern, immer auf der Suche –
Über einen halben Kilometer grenzten abgeschlossene Vorortgärten an die Straße, dann zeigten sich die ersten Felder, und bald waren sie aus dem Dorf heraus. Zur Rechten erhob sich die lotrechte Nordwand der Edge direkt neben dem Pfad, Buchen ragten über den Weg, und der Grat starrte von Kiefern und Felsen.
Sie verließen den Weg und kletterten lange Zeit schwei-

gend tief in den Wald hinein. Dann sagte Susan: »Aber was *glaubst* du eigentlich, was los ist? Warum können wir Cadellin jetzt nicht finden?«
»Oh, fang nicht wieder damit an«, sagte Colin. »Wir haben doch nie erfahren, wie man das Eisentor oder den Eingang bei Holywell öffnet, so daß wir Cadellin also kaum finden dürften.«
»Schon, aber warum sollte er uns nicht sehen wollen? Damals konnte ich das ja noch verstehen, als er wußte, daß es gefährlich war, hierherzukommen; aber jetzt nicht mehr. Wovor sollten wir noch Angst haben, wo doch die Morrigan aus dem Weg geräumt ist?«
»Das ist es ja«, sagte Colin. »Ist sie das wirklich?«
»Es muß doch so sein«, sagte Susan. »Gowther sagt, ihr Haus wäre leer, und das ganze Dorf spricht davon.«
»Aber ob sie nun am Leben ist oder nicht: in ihrem Haus würde sie sich jetzt bestimmt nicht aufhalten«, sagte Colin. »Ich habe darüber nachgedacht: Cadellin hat sich nur ein einziges Mal vor uns versteckt, als er nämlich dachte, daß die Morrigan in der Nähe wäre. Entweder will er nichts mehr von uns wissen, oder er hat Schwierigkeiten. Eine andere Möglichkeit gibt es nicht.«
Sie hatten Holywell erreicht. Die Quelle entsprang am Fuß eines Felsens in einem der vielen Täler der Edge. Es war ein flacher länglicher Steintrog, in den Wasser von dem Fels tropfte. Daneben befand sich ein kleineres, fächerförmiges Becken, und darüber war ein Sprung im Fels, der zweite Eingang zu Fundindelve, Cadellins Aufenthaltsort, wie Susan und Colin wußten. Doch blieben ihre Rufe seit Wochen ohne Antwort, und so ging es auch heute.
Auf welche Weise Colin und Susan schon früher einmal in

die Welt der Magie geraten waren, die uns so nahe und unbekannt ist wie die Rückseite eines Schattens, gehört nicht in diese Geschichte. Nachdem sie jedoch einmal die Freundschaft von Cadellin Silberbraue erfahren hatten, verletzte es sie zutiefst, daß er sie jetzt scheinbar grundlos und ohne Vorwarnung verlassen hatte. Beinahe wünschten sie sich, nie mit dem Zauberwesen in Berührung gekommen zu sein: sie fanden es unerträglich, daß der Wald nichts weiter als schön sein sollte, daß der Felsblock, hinter dem sich das Eisentor verbarg, nichts als ein Felsblock und der Felsen über Holywell einfach nur ein Felsen sein sollte.

»Komm weiter«, sagte Colin. »Vom Draufstarren geht er auch nicht auf. Und wenn wir uns nicht beeilen, werden wir erst im Dunkeln heimkommen, und du weißt ja, wie leicht Bess sich aufregt.«

Sie kletterten aus dem Tal auf das Hochplateau der Edge. Dämmerung: Zweige verdeckten die Sicht auf den Himmel, Zwielicht sank aufs Gras und sammelte sich in den Schächten und Tunneleingängen der alten Bergwerke, die das Waldland mit ihrem Sand- und Steinschutt entstellten. Wind ließ sich vernehmen, obwohl die Bäume unbewegt blieben.

»Aber Cadellin hätte uns doch etwas gesagt, wenn wir –«

»Moment mal!« sagte Colin. »Da unten, was ist das? Kannst du was erkennen?«

Sie gingen am Rand eines Steinbruchs entlang. Seit vielen Jahren war hier nicht mehr gearbeitet worden, und unten am Boden wuchs Gras, so daß er sich nur durch seine nackten Wände von den anderen Tälern der Edge unterschied. Jedoch gab ihre Kahlheit dem Ort eine urtümliche Atmosphäre, eine Abgeschiedenheit, die ebenso drückend wie friedlich wirkte. Hier zog auch die Nacht rasch herauf.

»Wo?« fragte Susan.

»Auf der anderen Seite des Steinbruchs: ein kleines Stück links von diesem Baum.«

»Nein –«

»Da ist es! Sue! *Was ist das?*«

Die Senken des Tals lagen im Dunkeln, und einer dieser Flecken Dunkelheit, schwärzer als die anderen, bewegte sich. Er schwebte formlos, flach, mit unsteter Größe über das Gras und dann an der Felswand hoch. Ziemlich in der Mitte, falls das Ding eine Mitte hatte, befanden sich zwei rote Lichtpunkte. Es glitt über den Rand des Steinbruchs und verschwand im Farn.

»Hast du das gesehen?« fragte Colin.

»Ja: falls da was gewesen ist. Es könnte ja auch nur – das Licht gewesen sein.«

»Glaubst du wirklich?«

»Nein.«

3

Atlendor

Sie beeilten sich jetzt. Ob die Veränderung nun in ihnen selbst oder im Wald stattgefunden hatte – Colin und Susan spürten sie jedenfalls. Plötzlich war die Edge, nun nicht gerade feindselig, aber fremdartig und unsicher geworden. Und sie trachteten danach, aus dem Wald herauszukommen: denn das Licht oder ihre Nerven oder beides schienen ihnen auch weiter Streiche zu spielen. Ständig wurden sie von der Vorstellung verfolgt, daß sich in den Wipfeln der Bäume etwas Weißes bewege – nicht deutlich sichtbar, aber aufdringlich und schwer faßbar.

»Meinst du, da war was in dem Steinbruch?« fragte Susan.

»Ich weiß nicht. Und überhaupt: *was*? Es muß wohl das Licht gewesen sein, oder?«

Aber noch ehe Susan antworten konnte, ertönte ein Zischen in der Luft, und die Kinder sprangen zur Seite, als zwischen ihnen Sand vom Boden aufspritzte: dann sahen sie dort einen kleinen, weißen Pfeil im Pfad stecken, und während sie ihn anstarrten, begann aus dem Dämmer über ihren Köpfen eine leidenschaftslose Stimme zu sprechen.

»Bewegt keine Sehne eurer Sehnen, keine Vene eurer Venen, kein Haar auf euren Köpfen, ansonsten ich euch genug schlanke Pfeile von Eichenholz herniederschicke, um euch an den Erdboden zu heften.«

Instinktiv sahen Colin und Susan nach oben. Vor ihnen stand eine sehr alte Birke, deren verwachsener Stamm sich über den Pfad bog; und in den Zweigen stand eine schmächtige, menschenähnliche Gestalt, kaum über einen Meter groß. Der Elf trug ein weißes Wams, und seine Haut war von der Luft gebräunt. Die Haarlocken umspielten seinen Kopf wie silberne Flammenzungen: und seine Augen – waren die Augen einer Ziege. In ihnen leuchtete ein Licht, das von nichts im Wald widergespiegelt wurde, und in der Hand hielt er einen stark gekrümmten Bogen.

Zuerst standen Colin und Susan sprachlos da, doch dann brach die Spannung der letzten Minuten aus Colin heraus.

»Weißt du eigentlich, was du da machst?« schrie er. »Beinahe hättest du uns mit diesem Ding da getroffen!«

»O beim Donas! O bei der heiligen Mothan! Er ist's höchstselbst, der zu den Elfen sprechen kann!«

Colin und Susan zuckten zusammen, als diese volle Stimme ertönte, die vor Lachen sprudelte. Sie fuhren herum und erblickten ein weiteres kleines, aber stämmigeres Wesen, das auf dem Pfad hinter ihnen stand; sein rotes Haar glühte dunkel im letzten Abendlicht. Ein so häßliches Gesicht hatten sie noch nie gesehen. Dicke Lippen, Zahnlücken, Warzen, Kartoffelnase, Haare und Bart struppig, und die Haut so braun wie Brombeeren zu Neujahr. Eine schwarze Klappe bedeckte das linke Auge, dafür war das rechte für zweie lebendig. Unverkennbar ein Zwerg. Er kam heran und klopfte Colin auf die Schulter, und Colin wankte unter dem Schlag.

»Und ich, Uthecar Hornhaut, liebe dich darum! Ha! Wollen Euer Gnaden nicht von jenem Baume steigen und zu

Dero Freunden sprechen?« Die weiße Gestalt im Baum regte sich nicht und schien nicht zu hören, was da gesprochen wurde. »Ich möchte meinen, woanders im Wald sind heut nacht Elfenschützen nötiger als hier! Ich sehe Albanac kommen, und er ist fürwahr nicht guter Stimmung!« Der Zwerg sah an Colin und Susan vorbei den Pfad entlang. Die beiden konnten im Dunkeln nicht weit sehen, doch hörten sie leises Hufgetrappel. Es näherte sich, wurde lauter, und dann kam ein schwarzes Pferd aus der Nacht, mit wildem Blick und schäumend; der Sand spritzte auf, als es anhielt. Sein Reiter, ein großer, schwarz gekleideter Mann, rief in den Baum hinauf: »Mein Herr Atlendor! Wir haben ihn aufgespürt, doch ist er nach Süden aus dem Wald geflohen und bewegt sich zu schnell für mich. Ermid, Sohn Erbins, Riogan, Sohn Morens, und Anwas der Geflügelte sind mit der Hälfte ihrer Hundertschaften dicht hinter ihm her, doch sind ihrer nicht genug. Sputet Euch!« Sein glattes Haar hing ihm schwarz auf die Schultern, an seinem Ohr glitzerte es gülden, und seine Augen glichen glühendem Eis. Auf seinem Kopf trug er einen voluminösen, breitrandigen Hut, und um seine Schultern hing ein Mantel, der mit einer silbernen Schnalle befestigt war.

»Ich gehe. Albanac wird diese Leute meinen Willen lehren.« Der Elf lief leichtfüßig den Birkenstamm entlang und verschwand in der Krone. Durch die Bäume nebenan stob etwas Weißes wie Schneegewirbel, und in den Zweigen rauschte es wie Wind.

Eine Zeitlang sprach niemand. Der Zwerg machte den Eindruck, als genieße er die Situation und überlasse es mit Vergnügen den anderen, den nächsten Schritt zu tun; der Mann namens Albanac sah die Kinder an; und Colin und

Susan erholten sich von ihrem Schrecken und begriffen allmählich, daß sie wieder in der Welt der Magie waren – durch Zufall, wie es schien. Und nun, da sie wieder dort waren, erinnerten sie sich auch daran, daß es in dieser Welt neben tiefem Schatten auch Bezauberndes gab.
Sie waren immer tiefer in diese Welt hineingeraten, seitdem sie vorhin den Steinbruch erreicht hatten. Würden sie diese Atmosphäre sofort wiedererkannt haben – das aufeinanderfolgende Erschrecken über Elf, Zwerg und Reiter hätte ihnen nicht so sehr den Atem verschlagen.
»Ich denke«, sagte Albanac, »die Sache ist Cadellin jetzt aus der Hand genommen.«
»Was meint Ihr damit?« fragte Colin. »Und was soll das alles eigentlich?«
»Nun, was ich damit meine, das bedarf langen Erzählens; und was das soll, desgleichen. Und der richtige Ort dafür ist Fundindelve; gehen wir also dorthin.«
»Gibt's im Wald heute nacht nicht Dringenderes zu tun?« fragte Uthecar.
»Nichts, was wir ausrichten können«, sagte Albanac. »Die Schnelligkeit und die Augen der Elfen sind unsere einzige Hoffnung, und ich fürchte gar, dies wird nicht ausreichen.«
Er stieg von seinem Pferd ab und ging mit den Kindern und dem Zwerg den Pfad zurück. Nach einer kleinen Weile aber merkte Susan, daß sie nicht auf Holywell zuhielten.
»Ging's hier lang nicht schneller?« fragte sie und wies nach links.
»Allerdings«, sagte Albanac, »aber hier ist der Weg breiter, und das kann heute nacht nicht schaden.«
Sie kamen an eine Stelle der Edge, die weithin von Geröll

und Sand bedeckt war. Dies war Stormy Point, ein Ort, der bei Tage eine schöne Aussicht bot, jetzt aber öde dalag. Von hier aus gingen sie über die Felsen zum Saddlebole, einem Felsvorsprung, der in die Ebene hinausragte; auf halbem Weg dorthin stand ein riesiger Felsbrocken.

»Willst du das Tor öffnen, Susan?« fragte Albanac.

»Aber das kann ich nicht«, sagte Susan. »Ich hab's oft genug versucht.«

»Colin«, sagte Albanac, »lege bitte deine rechte Hand auf den Felsen und sage das Wort ›Emalagra‹.«

»Meinst du so?«

»Ja.«

»Emalagra.«

»Noch einmal.«

»Emalagra! *Emalagra!*«

Nichts geschah. Colin trat kleinlaut zurück.

»Nun Susan«, sagte Albanac.

Susan trat an den Felsen und legte ihre rechte Hand darauf.

»Emalagra. – Seht Ihr? Es hat keinen Sinn. Ich hab's schon so oft –«

In dem Felsen erschien ein Spalt; er erweiterte sich und enthüllte ein eisernes Tor, und dahinter einen Tunnel, der von blauem Licht erleuchtet war.

4

Brollachan

»Öffnest du bitte das Tor?« bat Albanac.
Susan streckte eine Hand aus und berührte das Eisentor. Es schwang auf.
»Rasch jetzt«, sagte Uthecar. »Drinnen ist die Nacht zuträglicher als draußen.«
Er drängte die Kinder durch das Tor, und sobald sie alle drinnen waren, schloß sich hinter ihnen wieder der Fels.
»Warum ist es aufgegangen? Früher hat's das nie getan«, sagte Susan.
»Weil du das richtige Wort ausgesprochen hast, und auch aus einem anderen Grund, über den wir noch sprechen werden«, sagte Albanac.
Albanac führte sie durch die Gänge von Fundindelve. Stollen endeten in Höhlen, und Höhlen machten Stollen Platz: Höhlen, Tunnel – alle verschieden und doch gleich: der Weg schien endlos.
Je tiefer sie eindrangen, desto heller und stärker wurde das blaue Licht, und daran merkten die Kinder, daß sie sich der Höhle der Schläfer näherten, um derentwillen das alte Zwergenbergwerk Fundindelve mit dem stärksten Zauberbann eines ganzen Zeitalters versehen worden war; und sein Hüter war Cadellin Silberbraue. Hier, in dieser Höh-

le, wartete ein König, umgeben von seinen Rittern und deren milchweißen Stuten, seit Jahrhunderten auf den Tag, an dem Cadellin ihn aus seinem Zauberschlaf erwecken würde, auf daß er die letzte Schlacht der Welt liefere.
Die Kinder sahen sich um, betrachteten die kalten Flammen, die nun, im Innersten des Zauberkreises, weiß über die silbernen Rüstungen flackerten, die Pferde und die Mannen, und sie lauschten dem gedämpften, gleichmäßig wiederkehrenden Ton ihrer Atemzüge, dem Herzschlag von Fundindelve.
Aus der Höhle der Schläfer führte der Weg aufwärts, durch weitere Stollen, über starre, hochgeschwungene Brücken über unbekannte Tiefen, über schmale Pfade in Höhlengewölben, über Sandhügel bis in die tiefsten Höhlen des Bergwerks. Und schließlich kamen sie zu einer kleinen Höhle dicht hinter Holywell, die der Zauberer als Wohnraum benutzte. Darinnen befanden sich ein paar Stühle, ein langer Tisch und ein Lager aus Fellen.
»Wo ist Cadellin?« fragte Susan.
»Er wird bei den Lios-Alfar, den Elfen, sein«, sagte Albanac, »viele von ihnen leiden an der Rauchkrankheit. Doch ruht euch hier aus, bis er kommt. Zweifellos wollt ihr etliches wissen.«
»Allerdings!« sagte Colin. »Wer war das, der da mit Pfeilen nach uns geschossen hat?«
»Der Herr der Elfen, Atlendor, Sohn Nafs: er braucht eure Hilfe.«
»Braucht unsere Hilfe?« staunte Colin. »Eine komische Art, sich darum zu bemühen!«
»Aber ich hätte nie gedacht, daß Elfen *so* sind!« sagte Susan.
»Nein«, sagte Albanac. »Ihr seid beide zu hastig. Erinnert

euch, daß er von Furcht umgetrieben wird. Er ist von Gefahr bedrängt; müde, einsam – und er ist ein König. Bedenket auch, daß kein Elf eine natürliche Zuneigung zu den Menschen hegt; denn nichts anderes als der Schmutz, die Häßlichkeit und die unreine Luft, denen die Menschen in den letzten zwei Jahrhunderten gehuldigt haben, hat die Lios-Alfar in die pfadlosen Regionen zerklüfteter Länder vertrieben. Ihr solltet einmal sehen, wie die Elfen von Talebolion und Sinadon an der Rauchkrankheit leiden. Ihr solltet einmal ihre Lungen rasseln hören. Das haben die Menschen ihnen angetan.«

»Aber wie können *wir* denn helfen?« fragte Susan.

»Ich werde es euch zeigen«, sagte Albanac. »Cadellin hat sich seit vielen Tagen dagegen ausgesprochen, und das mit gutem Grund, doch nun seid ihr hier, und ich denke, wir müssen euch sagen, welche Probleme wir haben.

Verborgenes begibt sich in der toten Wildnis des Nordlandes, im fernen Prydein, wo die Elfen ihr letztes Königreich errichtet haben. Seit geraumer Zeit nimmt die Zahl der Lios-Alfar ab – nicht durch die Rauchkrankheit, wie es im Westen geschieht, sondern aus irgendeinem Grund, den wir noch nicht herausgefunden haben. Elfen verschwinden, und zwar spurlos. Anfangs waren es immer nur einer oder zwei, aber vor kurzem ist eine ganze Hundertschaft, die Hundertschaft von Grannos, samt Pferden und Waffen verschwunden: nicht ein Pfeil blieb übrig. Da ist irgendein beträchtliches Übel am Werk, und um dies zu finden und zu zerstören, führt Atlendor seine Leute aus dem Süden und dem Westen zusammen und häuft soviel Zauberkraft auf, wie er nur kann. Susan, wirst du ihm das Amulett von Fohla überlassen?«

»Was ist das?« fragte Susan.

»Das Armband, das Angharad Goldenhand dir geschenkt hat.«
»*Das* ?« rief Susan. »Ich wußte gar nicht, daß es einen Namen hat. Was kann es Atlendor nützen?«
»Ich weiß es nicht«, sagte Albanac. »Aber jedes Zaubermittel kann ihm helfen – und dies besitzt Zauberkraft. Hast du nicht das Tor geöffnet?«
Susan betrachtete den alten Silberreif, den sie um ihr Handgelenk trug. Mehr hatte sie aus dem Desaster ihrer letzten Begegnung mit der Welt der Magie nicht davongetragen, und es war ihr in einer Nacht der Gefahren und der Verzauberung von Angharad Goldenhand, der Herrin des Sees, geschenkt worden. Susan kannte die Bedeutung der wuchtigen Buchstaben nicht, die schwarz in einer vergessenen Schrift in das Silber getrieben waren, aber sie wußte, daß es kein gewöhnliches Armband war, und sie trug es nicht geringschätzig.
»Warum heißt es so?« fragte Susan.
»Man erzählt davon Geschichten«, antwortete Albanac, »die auch ich nur vage kenne, aber ich weiß, daß die Amulette von Fohla der frühen Magie der Erde entstammen. Dies hier ist das erste, das ich je gesehen habe, weshalb ich von seinem Nutzen nichts sagen kann. Wirst du es aber Atlendor überlassen?«
»Das kann ich nicht«, sagte Susan.
»Aber ohne das Amulett könnte den Elfen der Untergang drohen!« entgegnete Albanac. »Willst du sie im Stich lassen, wenn sie am dringendsten Hilfe benötigen?«
»Natürlich will ich helfen«, sagte Susan. »Doch hat Angharad mir gesagt, ich müsse immer auf mein Armband achten, obwohl sie nicht gesagt hat warum: Aber wenn Atlendor es braucht, werde ich mit ihm gehen.«

Uthecar lachte auf, während Albanac besorgt dreinschaute.
»Du bringst mich in Verlegenheit«, sagte er. »Das wird Atlendor nicht gefallen. Doch warte: Muß er das denn wissen? Ich will ihm keine neuen Sorgen aufbürden, wenn es sich vermeiden läßt. Womöglich kann Atlendor gar keinen Gebrauch davon machen; aber laß es mich für ihn borgen, Susan, damit er die Kraft des Armbands erproben kann. Wenn sie ihm nicht zugänglich ist, wird er deine Begleitung leichteren Herzens akzeptieren.«
»Und was sollte ihn daran hindern, schneller als der Fuchs in den Wald nach Bannawg zu verschwinden, und das Amulett mit ihm?« fragte Uthecar.
»Du kennst die Lios-Alfar nicht, Hornhaut«, sagte Albanac. »Ich gebe dir mein Wort, kein Arg wird dabei sein.«
»Dann soll auch Cadellin das Ganze zu Gehör gebracht werden«, sagte Uthecar, »damit Atlendor nicht auf den Gedanken kommt, böse Gefahr erheische böse Tat. Keiner von den Lios-Alfar wird Fundindelve verlassen, wenn Cadellin sie bleiben heißt.«
»Nein«, sagte Susan. »Ich vertraue Euch. Und ich denke, daß ich Atlendor vertrauen kann. Hier, nehmt das Armband: wollen wir sehen, was er damit anzufangen weiß. Behaltet es aber bitte nicht länger als Ihr es braucht.«
»Danke«, sagte Albanac. »Es wird dir nicht leid tun.«
»Wollen wir's hoffen«, sagte Uthecar. Er sah ganz und gar nicht glücklich aus. »Aber nach dem, was ich über dich gehört habe, Susan, tust du meiner Meinung nach nicht klug daran, deine Wehr abzulegen. Die Morrigan vergißt nicht, und sie verzeiht nicht.«
»Die Morrigan?« sagte Colin. »Wo? Ist sie wieder hinter uns her?«

Das erstemal waren die Kinder dieser Frau in ihrer menschlichen Gestalt begegnet; sie hatten jedoch bald herausgefunden, daß sie mehr als nur unfreundlich war. Sie war die Morrigan, die Führerin des Hexenzirkels, der sich die Morthsippe nannte; und mehr noch, sie konnte das Böse in Steinen wecken und Haß aus der Luft beschwören, und sie war furchtbar in ihrer Macht. Hauptsächlich mit Hilfe von Colin und Susan hatte Cadellin Silberbraue ihren Einfluß zunichte gemacht, aber sie waren nicht sicher gewesen, ob sie selbst die Vernichtung, die ihr Gefolge ereilte, überlebt hatte.

»Die Morthsippe ist zersprengt«, sagte Albanac, »aber sie hat man gesehen. Ihr wendet euch besser an ihn, denn er hat Nachricht von ihr überbracht.« Er nickte zu Uthecar hin. »An diesen liebreizenden Zwerg, der aus der Gegend jenseits von Minith Bannawg im Nordland stammt.«

»Wie? Habt Ihr sie gesehen?« fragte Colin.

»Und ob!« sagte der Zwerg. »Verlangt es euch alle, davon zu hören? Nun denn, hier ist meine Geschichte.

Auf dem Weg nach Süden gelangte ich zu dem Berg Black Fernbrake in Prydein; ein Sturm verfolgte mich. So hielt ich nach Felsen und Heidekraut Ausschau, die mir die Nacht über Schutz bieten könnten. Ich sah einen runden, braunen Stein, der sich von den anderen zu unterscheiden schien, und ich legte meine Arme um ihn herum, um ihn aufzuheben – und, o König der Sonne und des Mondes und der hellen duftenden Sterne! der Stein legte Arme um meinen Hals und wollte mich schier erdrosseln!

Fragt nicht wie, denn das kann ich nicht sagen, aber es gelang mir, mich loszureißen; und dann war der Stein die Morrigan! Ich ging mit meinem Schwert auf sie los, und ob sie mir gleich ein Auge herausriß, schlug ich ihr den Kopf

ab, und die Hänge von Black Fernbrake hallten von ihrem Schrei.
Aber der Kopf sprang ihr mit einem festen flotten Sprung auf den Hals zurück, und sie kam widerwillig auf mich zu, was mir große Angst einflößte. Dreimal kämpften wir, und dreimal schlug ich ihr den Kopf ab, und dreimal wuchs er ihr wieder an, und ich war vor Schmerz und Erschöpfung dem Tode nahe.
So hieb ich ihr noch einmal das Eisen an den Hals, doch als der Kopf wieder auf den Rumpf springen wollte, legte ich mein Schwert auf die Schnittstelle, und der Kopf prallte ›gliong‹ auf die Schneide und sprang hoch in den Himmel. Dann begann er herabzufallen, und ich wurde gewahr, daß er nach mir zielte; ich trat daher zur Seite, und er fuhr mit seiner Wucht zwei Meter tief in den Boden. Wenn das kein Kopf war! Dann hörte ich Steine knirschen und kauen und nagen und knacken, und ich hielt es für an der Zeit, die Beine unter den Arm zu nehmen: und so zog ich weiter durch die Nacht und ihr Schneegestöber.«

*

Sie warteten jetzt auf den Zauberer. Und während sie warteten, sorgte Uthecar dafür, daß das Gespräch nicht einschlief.
Er erzählte, wie er eines Tages Albanac begegnet sei, der ihm das Gerücht übermittelt habe, in der Nähe von Fundindelve sei etwas aus dem Boden gestiegen, auf das Cadellin Silberbraue nun Jagd mache. Nachdem er, Uthecar, schon allzulange untätig gewesen sei, habe er den Entschluß gefaßt, die Reise von Minith Bannawg aus in den Süden anzutreten; er habe nämlich gehofft, Cadellin würde ihm für seine Unterstützung dankbar sein. Er

wurde nicht enttäuscht. Die Sache war gewichtiger, als er gedacht hatte –

Vor langer Zeit hatte einer der alten Plagegeister der Welt Angst und Schrecken über die Ebene verbreitet, doch war er gefangen und in einer Grube am Fuß der Edge eingesperrt worden. Jahrhunderte später war ihm durch die Torheit der Menschen die Flucht gelungen, und seine Wiederergreifung hatte einen hohen Preis gekostet. Albanac hatte nun Uthecar die Nachricht gebracht, daß die Menschen den Bösen zum zweitenmal freigesetzt hatten.

»Und in der unfreundlichen, sich auflösenden Welt wußte niemand«, sagte Uthecar, »wo wir den Brollachan wiederfinden könnten.«

Der Brollachan. »Der Brollachan also«, fuhr Uthecar fort, »hat Augen und einen Mund, aber er kann nicht sprechen und hat leider auch keine bestimmte Form.« Das war unbegreiflich; doch schien der Schatten, der bei den Worten des Zwergs in Susans Gedanken aufstieg, die Höhle zu verdunkeln.

Kurz darauf kam Cadellin herein. Seine Schultern waren gebeugt, er stützte sich auf den Stock in seiner Hand. Als er die Kinder erblickte, furchte sich mißmutig seine Stirn.

»Colin? Susan? Ich freue mich, euch zu sehen; doch warum seid ihr hier? Albanac, hast du mich hintergangen?«

»Ganz so ist es nicht, Cadellin«, sagte Albanac. »Doch sage zuerst, wie steht es mit den Lios-Alfar?«

»Es wird lange dauern, die Elfen von Dinsel und Talebolion zu heilen«, sagte Cadellin. »Die aus Sinadon sind kräftiger, doch hat sie die Rauchkrankheit befallen, und manchen von ihnen wird meine Kunst nichts nützen, fürchte ich.« Dann wendete er sich zu den Kindern. »Und nun erzählt mir, was euch hierhergeführt hat.«

»Atlendor – der Elf – hat uns angehalten – und dann sind Uthecar und Albanac gekommen«, sagte Susan, »und eben haben wir von den Elfen erfahren.«
»Denke nicht schlecht von Atlendor«, sagte Albanac. »Er ist in arger Bedrängnis. Aber Susan hat uns Hoffnung gemacht: ich habe hier das Amulett von Fohla.«
Cadellin sah Susan an. »Ich – freue mich«, sagte er. »Das ist großzügig von dir, Susan. Aber ist es auch klug? Oh, gewiß, mich bedrückt der Untergang der Elfen! Aber die Morrigan –«
»Wir haben von ihr gesprochen«, sagte Albanac rasch. »Ich werde das Armband nicht lange behalten, und ich glaube wahrhaftig nicht, daß die Hexenkönigin so bald in den Süden kommt. Sie wird noch viel mehr Kräfte sammeln müssen, ehe sie es wagen kann, offen zu operieren, und selbst jenseits von Minith Bannawg fühlt sie sich nicht sicher, wenn Hornhauts Geschichte stimmt. Wozu denn sonst die Gestaltwechslerei zwischen den Felsen, wenn sie nicht fürchtet, verfolgt zu werden?«
»Schon richtig«, stimmte Cadellin zu. »Ich weiß, daß ich übervorsichtig bin. Und doch gefällt es mir gar nicht, daß diese Kinder auch nur an die Schwelle der Gefahr gebracht werden – nein, Susan, gerate nicht in Zorn. Nicht dein Alter, sondern die Tatsache, daß du ein Mensch bist, macht mich unruhig. Ich wünsche einfach nicht, daß du jetzt hier bist.«
»Aber *warum*?« rief Susan.
»Was glaubst du wohl, warum uns die Menschen nur aus Legenden kennen?« sagte Cadellin. »Wir meiden euch nicht um unserer Sicherheit willen, wie die Elfen es müssen, sondern im Interesse eurer eigenen Sicherheit. Dies war nicht immer so. Dereinst lebten wir nah beieinander;

doch kurze Zeit bevor die Elfen vertrieben wurden, veränderten sich die Menschen. Plötzlich fandet ihr es einfacher, die Welt allein durch Gewalt zu beherrschen: die Dinge wurden euch wichtiger als die Gedanken, und das nanntet ihr das Zeitalter der Vernunft.

Für uns gilt nun noch immer das Gegenteil, so daß ihr in unseren Dingen durchaus schwach seid, wo ihr stark sein solltet; und euch droht nicht nur vom Bösen Gefahr, sondern auch von anderem, womit wir zu tun haben. Dies mag nicht böse sein, doch sind es wilde Mächte, die den, der damit nicht vertraut ist, vernichten könnten.

Aus diesen Gründen haben wir uns von den Menschen zurückgezogen, leben nur noch in der Erinnerung und sind mit den Jahren zu einem Aberglauben geworden, zu Geistern und Schrecknissen in Winternächten, und noch später zu etwas Lächerlichem und nicht mehr Geglaubtem. Darum müssen wir so hartherzig erscheinen: versteht ihr das?«

»Ich – glaube schon«, sagte Susan. »Das meiste jedenfalls.«

»Aber wenn ihr euch vor so langer Zeit zurückgezogen habt«, fragte Colin, »wie kommt es dann, daß ihr unsere Sprache sprecht?«

»Das tun wir ja gar nicht«, sagte der Zauberer. »Wir bedienen uns der Gemeinen Sprache jetzt nur, weil ihr hier seid. Unter uns haben wir viele Sprachen. Und ist dir nicht aufgefallen, daß manchem von uns eure Sprache schwerer fällt als anderen? Die Elfen sind den Menschen ganz und gar aus dem Weg gegangen. Sie sprechen eure Sprache im großen und ganzen so, wie sie sie zum letztenmal gehört haben, und auch das nicht gut. Die übrigen – ich, die Zwerge, und einige andere – haben sie durch die Jahre verfolgt und beherrschen sie besser als die Elfen, wenn wir auch nicht an eure jetzige Geschwindigkeit und Kürze herankommen. Albanac sieht die Menschen sehr häufig, und selbst *er* bleibt oftmals stecken, doch da man ihn für verrückt hält, ist das nicht weiter schlimm.«

Colin und Susan blieben nicht lange in der Höhle: die abendliche Stimmung war weiterhin unruhig, und Cadellin hatte offensichtlich noch mehr im Kopf als er gesagt hatte. Kurz nach sieben Uhr gingen sie den kurzen Gang hinauf, der aus der Höhle zum Holywell führte. Der Zauberer berührte den Fels mit seinem Stab, und er öffnete sich.

Uthecar begleitete die Kinder bis zu dem Bauernhof, und erst am Tor wandte er sich zurück. Colin und Susan bemerkten, wie sein Blick ständig vor und zurück und nach allen Seiten schweifte.

»Was ist los?« fragte Susan. »Wonach sucht Ihr?«

»Etwas, das ich hoffentlich nicht finden werde«, sagte Uthecar. »Euch ist vielleicht aufgefallen, daß der Wald heute abend nicht leer ist. Wir waren dem Brollachan nahe, und ich hoffe, er ist jetzt weit weg von hier.«

»Aber wie könnt Ihr ihn sehen, wer auch immer das sein mag?« fragte Colin. »Es ist doch stockfinster.«

»So wisse, daß Zwergenaugen zum Sehen im Dunkeln bestimmt sind«, sagte Uthecar. »Aber selbst du würdest den Brollachan sehen, und wenn die Nacht so schwarz wäre wie ein Wolfsrachen; denn so schwarz die Nacht auch sein mag, der Brollachan ist noch schwärzer.«

Damit war das Gespräch für den Rest des Wegs beendet. Doch als sie bei Highmost Redmanhey angekommen waren, sagte Susan: »Uthecar, was stimmt nicht mit den Elfen? Ich – ich will ja nicht unhöflich sein, aber ich habe

immer gedacht, sie wären – nun ja, die ›Besten‹ eures Volks.«
»Ha!« sagte Uthecar. »Sie würden dir zustimmen! Und nur wenige würden ihnen widersprechen. Du mußt dein Urteil selber bilden. Aber soviel will ich von den Lios-Alfar sagen: sie sind schonungslos ohne Güte, und manches an ihnen ist unbegreiflich.«

5

Der Steinbruch

Etwa einen Kilometer von Highmost Redmanhey entfernt, am Rücken des Clinton-Berges, befindet sich ein stillgelegter Steinbruch, der mit Wasser gefüllt ist. Wo seine Wände nicht gerade aus kahlen Felsen bestehen, zeigen sie steil abfallende bewaldete Hänge. Eine defekte Windkraftpumpe knarrt, ein vergessener Pfad verläuft ins Nirgendwo der Brombeersträucher. Bei Tageslicht ein einsamer Ort, so einsam wie verlassene Maschinen nur sein können; doch wenn die Sonne untergeht, lädt sich die Luft hier mit einer anderen Stimmung. Das Wasser steht düster unter den Felsen, die Bäume drängen heran, um zu trinken, die Pumpe griemelt; einsam, grünlich, finster.

Aber friedlich, dachte Susan, das ist doch schon was.

Auf dem Hof war es seit ihrer Rückkehr nicht friedlich gewesen. Colin hatte zwei Tage lang geredet und geredet, und wenn er mal still war, hatte die Unruhe der Mossocks noch schwerer auf ihr gelastet. Bess und Gowther wußten nämlich von der früheren Begegnung der Kinder mit der Magie, und der Verkehr dieser beiden Welten beunruhigte sie ebensosehr wie Cadellin.

Das Wetter machte es auch nicht leichter. Die Luft war ruhig und feucht, viel zu warm für Winteranfang.

Susan hatte geglaubt, weggehen zu müssen, um sich zu entspannen; und so war sie diesen Nachmittag ohne Colin zum Steinbruch gegangen. Sie stand am Rand einer Felsplatte, die sich ins Wasser erstreckte, und blickte gedankenverloren auf die grauen Schatten der Fische. Lange Zeit stand sie so da, und langsam löste sich die Spannung der vergangenen Tage: dann ließ ein Geräusch sie aufblicken.
»Hallo. Wer bist denn du?«
Ein kleines schwarzes Pony stand am Rand des Wassers auf der anderen Seite des Steinbruchs.
»Was machst du da?«
Das Pony schüttelte seine Mähne und schnaubte.
»Na, dann komm her! Hierher!«
Das Pony sah Susan scharf an, schlug mit dem Schwanz, dann wandte es sich um und verschwand zwischen den Bäumen.
»Also schön – möcht wissen, wieviel Uhr es ist.« Susan kletterte aus dem Steinbruch heraus aufs freie Feld. Sie ging oben herum zu dem Wald auf der anderen Seite und stieß einen Pfiff aus, aber nichts geschah. »Hierher! Hierher! Dann eben nicht; ich – oh!«
Das Pony stand direkt neben ihr.
»Hast du mich erschreckt! Wo warst du denn?«
Susan streichelte dem Pony die Ohren. Das schien ihm zu gefallen, denn es drängte seinen Kopf an ihre Schulter und schloß seine schwarz-samtenen Augen.
»Ruhig! Du wirfst mich ja noch um!«
Minutenlang strich sie ihm über den Hals, dann stieß sie es widerstrebend von sich. »Ich muß jetzt gehen. Morgen komm ich dich wieder besuchen.« Das Pony trottete ihr nach. »Nein, geh zurück. Du kannst nicht mitkommen.«
Aber das Pony folgte Susan den ganzen Weg über das

Feld, stieß sie sanft mit seinem Kopf und knabberte an ihren Ohren. Und als sie durch den Zaun auf das nächste Feld steigen wollte, stellte es sich zwischen sie und den Zaun und stieß sie mit seinem glatten Bauch zur Seite.

»Was willst du?«

Stoß.

»Ich hab nichts für dich.«

Stoß.

»Was *ist* denn nur?«

Stoß.

»Du willst, daß ich dich reite? Ist es das? Dann bleib ruhig stehen. Na also. Gutes Tier. Du *hast* vielleicht einen langen Rücken. So. Und – brrr! Ruhig!«

In dem Augenblick, als Susan aufgesessen war, wirbelte das Pony herum und raste in vollem Galopp auf den Steinbruch zu. Susan klammerte sich mit beiden Händen an der Mähne fest.

»He! Halt!«

Sie hielten genau auf den Stacheldraht zu, mit dem der Felsabhang über dem tiefsten Teil des Steinbruchs abgesperrt war.

»Nein! Halt!«

Das Pony drehte seinen Kopf um und sah Susan an. Seine schäumenden Lefzen krümmten sich zu einem Grinsen, und es lag nichts Samtenes mehr in seinem Blick: in der Mitte der schwarzen Pupille stand eine rote Flamme.

»Nein!« schrie Susan.

Das Tempo wurde immer schneller. Der Felsrand stand als schroffe Linie vor dem Himmel. Susan versuchte sich vom Rücken des Ponys zu werfen, aber ihre Finger schienen sich in der Mähne verheddert zu haben, und ihre Beine klebten an den Rippen.

»Nein! Nein! Nein! Nein!«
Das Pony flog über den Zaun und stürzte an kahlem Sandstein vorbei ins Wasser. Der Aufschlag schallte zwischen den Wänden hin und her, Wellen schlugen an den Fels, ein paar Blasen stiegen auf: und still lag der Steinbruch unter dem drückenden Himmel.

*

»Länger warte ich nicht mehr«, sagte Bess. »Susan kann ihren Tee allein trinken, wenn sie kommt.«
»Also, fangen wir an«, sagte Gowther. »Muß mich noch um ein paar Sachen kümmern, bevor's anfängt zu regnen; wird wohl nicht mehr lange auf sich warten lassen: 's muß ja auch mal losplatzen.«
»Da werd ich aber froh sein«, sagte Bess. »Krieg kaum Luft heute. Hat Susan gesagt, daß sie später kommt?«
»Nein«, sagte Colin, »aber du kennst sie ja. Und sie hat keine Uhr mitgenommen.«
Sie setzten sich an den Tisch und aßen schweigend. Nichts war zu hören als Bess' und Gowthers Atmen, das Ticken der Uhr, das wirre Summen zweier vom Winter betäubter Fliegen, die unablässig unter den Balken kreisten. Die Wetterwolken drückten schwer auf das Bauernhaus und quetschten die Menschen darin wie Äpfel in einer Presse.
»Jetzt geht's gleich los«, sagte Gowther. »Und Susan sollte sich lieber was beeilen, wenn sie nicht quitschnaß werden will. Sie sollte jetzt wirklich kommen. Wohin wollte sie eigentlich, Colin? Nanu! Was ist denn in den gefahren?« Scamp, der Spürhund der Mossocks, hatte irgendwo in der Nähe wütend zu bellen begonnen. Gowther steckte seinen Kopf aus dem Fenster. »Das reicht! He!«

»Was hab ich eben nochmal gesagt? Ach ja; Susan. Weißt du, wo sie hinwollte?«
»Sie hat gesagt, sie würde zum Steinbruch gehen, um Ruhe zu haben – ich ginge ihr auf die Nerven, hat sie gesagt.«
»Was? Hayman's Steinbruch? Das hättest du früher sagen sollen, Colin. Es ist gefährlich da – oh, hol doch der Teufel den Hund! He! Scamp! Aus! Kapiert?«
»Oh!« sagte Bess. »Was ist denn mit dir passiert? Wo bist du gewesen?«
Susan stand in der Eingangstür, sie sah blaß und verwirrt aus. Ihr Haar starrte vor Schlamm, und zu ihren Füßen sammelte sich eine Wasserpfütze.
»Der Steinbruch!« sagte Gowther. »Sie muß reingefallen sein! Was hast du dir nur dabei gedacht, Susan, da hinzugehen?«
»Ein Bad, und ab ins Bett«, sagte Bess, »dann werden wir schon weitersehen. Komm, Liebes!«
Sie nahm Susan beim Arm und trieb sie eifrig fort.
»Weiß der Himmel, was mit ihr passiert ist«, sagte Bess, als sie eine halbe Stunde später die Treppe herunterkam. »Ihre Haare waren voller Sand und Grünzeugs. Aber ich hab kein Wort aus ihr herausgebracht: sie kommt mir 'n bißchen verwirrt vor. Nach 'nem Schläfchen wird's ihr wohl besser gehen: ich hab ihr zwei Wärmflaschen ins Bett gelegt, und als ich gegangen bin, sah's aus, als würde sie gleich einschlafen.«
Der Sturm beutelte das Haus, es zog in allen Zimmern, die Lampen dröhnten. Er hatte kurz nach Einbruch der Dunkelheit eingesetzt und die Spannung sinken lassen. Das Haus war jetzt eine Zufluchtsstätte und kein Gefängnis. Nachdem die unmittelbare Sorge um Susan erst einmal beschwichtigt war, machte Colin es sich gemütlich, um den

Abend über seinem Lieblingsbuch zu verbringen. Es war ein verstaubter, alter Foliant, in braunes Leder gebunden. Vor über hundert Jahren hatte einer der Pfarrer von Alderley Abschriften von einer bunten Reihe von Dokumenten, die mit der Gemeinde zu tun hatten, dort eingetragen. Das Buch war schon länger als Gowther sagen konnte im Besitz seiner Familie gewesen, und obwohl er nie die Geduld aufgebracht hatte, die unleserliche Handschrift zu entziffern, schätzte er das Buch als ein Verbindungsglied zu vergangenen Zeiten. Colin aber faszinierten die Anekdoten, die Einzelheiten über Lehngerichte, die Gemeindestatistiken, die herrschaftlichen Urkunden und die Familiengeschichten, von denen das Buch voll war. Immer wieder war hier etwas zu entdecken, das Colins Sinn für Kurioses ansprach.

Die Seite, die ihn jetzt fesselte, trug die Überschrift:

AUSZUG AUS DEM HAUSHALTSBUCH
DES KIRCHENVORSTEHERS
AUF DAS JAHR 1617

Wahres und vollständiges Verzeichnus aller Geldbeträge, so ich, John Henshaw von Butts, Kirchenvorsteher von Neither Alderley und dem Kirchspiel Alderley, seit meinem Eintritt ins Ambt bis auf den heutigen Tag, den 28. Mai Anno D. 1618, empfahen und ausgegeben.

	£.	s.	d.
Imprimis Bier vor die Klöckner und uns selbsten bezahlt	0	3	2
Item John Wych seine Rechnung vor ein neues Klockenseil	0	2	0

Item einem Manne gegeben, dem die Türcken die Zunge ausgeschnitten	0	0	2
Item Philip Lee vor einen Gang die Hälft seiner Rechnung	0	1	6
Item einem fürgeblichen Herrn aus Irland	0	1	3
Item vor ein neues Perrückennetz gegeben	0	1	8
Item einem Weib, so stumm war	0	0	6
Item da ich durch die Stadt gienge, jene zu vermahnen, so noch nichts vor das Armenbegräbnus gespendet, verausgabt	0	0	4
Item einem Major, so von denen Franzosen ergriffen und zugrund gericht, gegeben	0	1	0
Item Mr. Hollinshead gegeben vor die Bestraffung derer unkeuschen Buben	0	0	8

Der nächste Eintrag aber ließ Colin das Lachen vergehen. Er überlas ihn zweimal.

»Gowther!«

»Ja?«

»Hör dir das an: eine Stelle aus dem Haushaltsbuch des Kirchenvorstehers für 1617.

Item ausgegeben in Street Lane Ends, als Mr. Hollinshead und Mr. Wright sich müheten, den Teuffel zu bannen, so an dem Bierhaus gefunden, da das neue Rohr verlegt wurd und in die Grube einbrache.

Meinst du, das könnte auch das Loch vor dem Trafford sein?«

Gowther runzelte die Stirn. »Tja, schon möglich, das mit dem Rohr und alles stimmt ja. Dieser Teil von Alderley ums Trafford herum hieß früher Street Lane Ends, und ich hab auch davon gehört, daß vor dem Trafford da ein Gasthaus gestanden hat. Sechzehnhundertsiebzehn, ja? Dann kann's jedenfalls nicht zu dem Bergwerk gehören. In die Richtung sind die erst vor zweihundert Jahren vorgestoßen, als man mit dem Bau der West-Mine angefangen hat. Sieht also so aus, als ob es der Brunnen von dem alten Gasthof gewesen ist, oder?«
»Aber das kann nicht sein«, sagte Colin. »Hier steht ›die Grube‹, und das klingt doch so, als hätten sie nichts davon gewußt. Was war's also dann?«
»Hm, frag mich nicht«, sagte Gowther. »Und wer sind diese Hollinshead und Wright?«
»Die werden hier häufig erwähnt«, sagte Colin. »Ich nehme an, das waren die Pfarrer von Alderley und Wilmslow. Würde gern mehr über diesen ›Teufel‹ erfahren.«
»Da geb ich nicht viel drauf«, sagte Gowther. »Die waren damals ganz schön abergläubisch. Ach, übrigens hab ich gestern mit Jack Wrigley gesprochen – das ist der Bursche, der mit seiner Spitzhacke diese Steinplatte durchgehauen hat –, und der hat gesagt, als er nachgesehen hätte, was er da angerichtet hat, da hätte er so'n komisches Blubbern gehört, daß er fast 'ne Gänsehaut bekommen hätte, aber er meint, das müßte irgendwas mit dem Luftdruck zu tun haben. Vielleicht haben die Pfaffen das für den alten Beelzebub gehalten.«
»Mir gefällt das nicht«, sagte Bess, die in der Tür stand. Sie war gerade von oben heruntergekommen. »Susan hat noch nichts gesagt, und sie ist kalt wie ein Frosch. Und ich kann mir gar nicht denken, wo der ganze Sand herkommt – ihre

Haare sind voll davon – und sie ist ganz durchgeschwitzt. Aber bei zwei Wärmflaschen ist das ja wohl auch kein Wunder. Trotzdem stimmt da was nicht; sie liegt einfach da und starrt ins Leere, und ihre Augen sehen ein bißchen seltsam aus.«

»Soll ich 'n Arzt holen, was meinst du?« fragte Gowther.

»Was? Bei diesem Regen? Und es ist fast zehn Uhr. Nein, Mann, so schlimm ist es auch nicht. Aber wenn sich bis morgen nichts geändert hat, werden wir schleunigst den Arzt holen.«

»Und wenn sie eine Gehirnerschütterung hat, oder sowas: was dann?« fragte Gowther.

»Sie hat wohl eher einen Schock, denk ich«, sagte Bess. »Blaue Flecken oder Beulen hab ich nicht an ihr gesehen, und überhaupt, besser kann sie's jetzt eh nicht haben. Der Doktor würde dir was husten, wenn du ihn bei dem Wetter hierherschleifen würdest. Wollen mal sehen, wie's ihr geht, wenn sie ordentlich ausgeschlafen hat.«

Wie viele Landfrauen in ihrem Alter konnte Bess ihre unbegründete Angst vor Medizinern nicht abschütteln.

*

Colin wußte nicht, was ihn geweckt hatte. Er lag auf dem Rücken und starrte ins Mondlicht. Mit einemmal war er völlig wach gewesen, ohne daß ein Rest von Schläfrigkeit seinen Schrecken hätte dämpfen können. Seine Sinne waren messerscharf, er nahm jede Einzelheit im Zimmer wahr, und die Lachen von Licht und Dunkel brüllten ihn an.

Er stieg aus dem Bett und ging ans Fenster. Es war eine klare Nacht, die Luft war kühl und frisch nach dem Unwetter: der Mond warf harte Schatten über den Hof.

Scamp lag vor dem Scheunentor, den Kopf zwischen den Pfoten. Dann sah Colin sich etwas bewegen. Er sah es nur aus den Augenwinkeln, doch hegte er nicht den geringsten Zweifel: zwischen dem Haus und dem Tor, das zu den Riddings, dem steilen Hügel hinter dem Hof, führte, lag ein heller Flecken Mondlicht; und darüber war ein Schatten gehuscht.

»He! Scamp!« rief Colin leise. Der Hund rührte sich nicht. »He! Wach auf!« Scamp winselte leise und kläffte gedämpft. »Los! Faß!« Scamp winselte wieder, dann kroch er, wobei er seinen Bauch kaum vom Boden hob, in die Scheune. »Was ist denn nur? He!« Aber Scamp kam nicht wieder.

Colin streifte Hemd und Hose über seinen Schlafanzug und zwängte seine Füße in ein Paar Schuhe, bevor er Gowther wecken ging. Doch als er an Susans Tür kam, blieb er stehen und machte sie auf; er wußte selbst nicht warum. Das Bett war leer, das Fenster stand offen.

Colin ging auf Zehenspitzen nach unten und tastete sich zur Haustür. Sie war noch verriegelt. War Susan drei Meter tief auf die Pflastersteine gesprungen? Er schob die Riegel beiseite und trat nach draußen, und als er sich umblickte, sah er eine dünne Silhouette über den Rand der Riddings gehen.

Er kämpfte sich den Hügel hinauf so schnell er konnte, doch dauerte es eine ganze Weile, ehe er die Gestalt wieder ausmachen konnte; sie bewegte sich jetzt über den Clinton-Berg, einen halben Kilometer entfernt.

Colin rannte: und als er auf dem Gipfel des Clinton stand, hatte er Susans Vorsprung halbiert. Denn es bestand kein Zweifel daran, daß das Susan war. Er erkannte ihren Schlafanzug; sie schien ruhig über den Boden dahinzugleiten, wobei es seltsamerweise den Eindruck machte, als ob sie laufe, obwohl sie sich bewegte, als ginge sie. Direkt vor ihr erhoben sich die dunklen Wipfel der Bäume im Steinbruch.

»Sue!« Nein, ganz ruhig. Das ist gefährlich. Sie schlafwandelt. Aber sie hält auf den Steinbruch zu.

Colin rannte so schnell wie noch nie. Als er den Gipfel des Hügels hinter sich hatte, war Susan in dem unebenen Gelände nicht mehr zu sehen, aber er wußte ja, in welche Richtung sie ging. Er gelangte an den Zaun am Rand der höchsten Klippe und sah sich um, während er wieder zu Atem kam.

Der Mond ließ den ganzen Hang und einen großen Teil des Steinbruchs erkennen: der Pumpenturm schimmerte, die Flügel drehten sich. Aber Susan war nirgends zu sehen. Colin lehnte sich an einen Zaunpfahl. Sie müßte jetzt in Sichtweite sein: er konnte sie nicht überholt haben: sie mußte jetzt hier sein. Colin tastete die Wände des Steinbruchs mit den Augen ab und blickte auf den glatten schwarzen Wasserspiegel. Er hatte Angst. Wo war sie?

Dann stieß er einen verschreckten Schrei aus, als plötzlich etwas über seinen Schuh glitt und nach seinem Knöchel schnappte. Er zuckte zurück und sah nach unten. Es war eine Hand. Ein mehrere Zoll breiter Bodenstreifen hinter dem Zaun bröckelte ein paar Meter tief auf den Felsen darunter: von da an fiel der Hang senkrecht in den See hinab. Die Hand klammerte sich jetzt an die Kante.

»Sue!«

Er reckte sich über den Stacheldraht. Sie hing direkt unter ihm, Arme und Beine zwischen der oberen Kante und dem eigentlichen Felsen gespreizt, ihr bleiches Gesicht aufwärts ihm zugewandt.

»Halt durch! Oh, halt durch!«

Colin warf sich flach auf den Boden, umschlang mit einem Arm den Pfahl, schob den anderen unter dem Zaun durch und griff nach der Hand. Jedoch – es sah zwar aus wie eine Hand, fühlte sich aber an wie ein Huf.

Der Stacheldraht zerfetzte Colins Ärmel, als er seinen Arm mit einem Aufschrei zurückriß. Als dann Susans Gesicht einen halben Meter vor dem seinen über der Kante auftauchte und er das Licht sah, das in ihren Augen glühte, ließ Colin jegliche vernünftige Überlegung fahren. Er stürzte rückwärts fort, duckte sich, stolperte, floh. Nur ein einziges Mal blickte er sich um, und da schien aus dem Steinbruch ein formloser Schatten in den Himmel zu steigen. Die Sterne dahinter verloschen, und an ihrer Stelle erschienen zwei neue rote Sterne, starr und dicht beieinander.

Colin raste den Hügel hinauf, sprang über Zäune, warf sich über Hecken und stürzte dann die Riddings hinunter zum Bauernhaus. Als er an der Tür herumtappte, verschleierte sich der Mond, und Dunkelheit glitt über die hellen Mauern. Colin drehte sich um. *»Esenaroth! Esenaroth!«* schrie er. Die Worte flogen ihm zu, wurden ihm willenlos von den Lippen gerissen, und er vernahm sie wie aus weiter Ferne, als ob sie ein anderer gerufen hätte. Sie brannten wie silbernes Feuer in seinem Hirn, eine Zuflucht in der Schwärze, die die Welt erfüllte.

6

Das Amulett von Fohla

»Ich glaube, wir müssen den Doktor holen«, sagte Bess. »Sie ist schon wieder ganz durchgeschwitzt – das kann doch nicht gesund sein. Und dieser verflixte Sand! Ihre Haare sind immer noch voll davon.«

»In Ordnung«, sagte Gowther. »Ich mach Prinz fertig, und dann fahr ich los und ruf ihn an.«

Colin aß mechanisch sein Frühstück. Bess' und Gowthers Stimmen gingen über ihn hinweg. Er mußte etwas unternehmen, aber was, das wußte er nicht.

Aufgewacht war er, als Scamp ihm mit seiner warmen Zunge übers Gesicht geleckt hatte. Das mußte ungefähr um sechs Uhr morgens gewesen sein: er hatte auf der Schwelle gekauert, ganz steif vor Kälte. Er hörte Gowther die Treppe zur Küche herunterpoltern. Colin fragte sich, ob er ihm erzählen sollte, was geschehen war, aber darüber war er sich ja selbst nicht im klaren: er brauchte Zeit zum Nachdenken. Also steckte er seinen Schlafanzug weg, daß er nicht mehr zu sehen war, und dann machte er im Stall die Lampen fürs Melken an.

Nach dem Frühstück war Colin noch immer zu keinem Entschluß gekommen. Er ging nach oben und zog sich um. Susans Tür stand halb offen. Er zwang sich, das Zim-

mer zu betreten. Sie lag mit halbgeschlossenen Augen im Bett, und als sie Colin sah, lächelte sie.
Er ging in die leere Küche hinunter. Bess fütterte die Hühner, und Gowther war im Stall bei Prinz. Colin war allein im Haus mit – ja, mit wem? Er brauchte Hilfe, und Fundindelve war seine einzige Hoffnung. Er ging verzweifelt und voller Angst auf den Hof, und dann schluchzte er vor Erleichterung fast auf, als er Albanac die Riddings herabschreiten sah: die Sonne funkelte auf seinen silbernen Schnallen und seinem Schwert, sein Mantel flatterte hinter ihm im Wind. Colin lief ihm entgegen, und sie trafen sich am Fuß des Hügels.
»Albanac! Albanac!«
»Nun, was gibt es denn? Colin, alles in Ordnung mit dir?«
»Es geht um Sue!«
»*Was?*« Albanac ergriff Colin bei den Schultern und sah ihm scharf in die Augen. »Wo ist sie?«
»Ich weiß nicht – sie ist im Bett – nein – ich meine – hört mir zu!«
»Ich höre dir ja zu, aber ich kann dir nicht folgen. Nun sage mir, was schiefgegangen ist.«
»Tut mir leid«, sagte Colin. Er überlegte, dann fing er an. Während er sprach, furchte sich Albanacs Antlitz, wurde starr, und seine Augen glichen blauen Diamanten. Als Colin zu beschreiben begann, wie er Susan zu dem Steinbruch gefolgt war, wurde er von Albanac unterbrochen.
»Sind wir von ihrem Fenster aus zu sehen?«
»Nein – na ja, wohl kaum. Es ist das letzte Fenster an der Vorderseite.«
»Dann möchte ich nicht hier bleiben.«
Sie gingen herum zur Giebelseite des Hauses, die sie vor allen Fenstern verbarg.

»Nun erzähle weiter.«
Als er zu Ende berichtet hatte, lachte Albanac bitter auf. »Ha! Das ist ja ein Ding! Also doch so nahe. Aber komm, wir müssen handeln, ehe die Chance verloren ist.«
»Warum? Was – ?«
»Hör zu. Können wir das Haus betreten, ohne von diesem Fenster aus gesehen zu werden?«
»Ja-a.«
»Gut. Ich glaube nicht, daß ich die Macht habe zu tun, was getan werden sollte, aber wir müssen vor allem an Susan denken. Nun paß genau auf: wenn wir näher am Haus sind, dürfen wir nicht mehr sprechen.
Führe mich in ihr Zimmer. Ich werde ganz leise auftreten, du aber mußt gehen, als ob du ganz arglos wärest. Gehe ans Fenster und öffne es: dann werden wir sehen.«

*

Colin zögerte als er die Klinke berührte und sah über die Schulter. Albanac stand oben an der Treppe; er nickte. Colin machte die Tür auf.
Susan lag da mit starrem Blick. Colin ging ans Fenster und öffnete es. Bei dem Geräusch trat Albanac ins Zimmer: er hielt das Amulett von Fohla offen in der Hand. Susan fauchte, ihre Augen flammten, und sie riß die Decke von sich, aber Albanac stürzte sich durchs Zimmer und auf ihr Bett, stieß Susan mit der Schulter unters Kinn und klemmte ihren Arm unter sich ein, während er ihr das Armband um das Handgelenk festmachte. Dann sprang er genauso schnell zurück zur Tür und zog sein Schwert.
»Colin! Hinaus!«
»Was habt Ihr getan?« schrie Colin. »Was ist passiert?«
Albanacs Hand grub sich in seine Schulter und schleuderte

ihn aus dem Zimmer. Albanac sprang ihm nach und schlug die Tür zu.
»Alb –«
»Still!« sagte Albanac mit eherner Stimme. »Wenn sie frei ist, müssen wir aufpassen. Wollen wir hoffen, daß das Armband solche Schmerzen bereitet, daß Flucht wichtiger wird als Rache.«
Sie standen reglos, starr. Nichts war zu hören als das Knarren von Susans Bett; auch das hörte auf. Stille.
»Albanac! *Sieh nur!*«
Eine schwarze Rauchfahne glitt unter der Tür hindurch. Sie wogte weiter über den Boden hin und verdichtete sich schließlich zu einer schwankenden Pyramide, die immer größer wurde.
»Wenn dir dein Leben lieb ist«, wisperte Albanac, »bleib bei mir!«
Die Pyramide war jetzt einen guten Meter hoch. Oben glommen zwei rote Augen: unten war etwas, das aussah wie ein verschwommener Mund oder ein flacher Schnabel. Dann begann das Ding zu wachsen. Es wuchs in alle Richtungen wie ein Ballon, und es wuchs ruckweise, mit Ruhepausen dazwischen.
Albanac hob sein Schwert und sprach mit schroffer, klarer Stimme:

»Macht des Windes habe ich über dich.
Macht des Zorns habe ich über dich.
Macht des Feuers habe ich über dich.
Macht des Donners habe ich über dich.
Macht des Blitzes habe ich über dich.«

Die Pyramide erfüllte jetzt das ganze Haus: es war keine

Pyramide mehr: es war alles – eine allgemeine Dunkelheit, in der zwei flache, blutrote Scheiben schwammen und ein blaues Feuerband, Albanacs Schwert.

»Macht des Sturms habe ich über dich.
Macht des Mondes habe ich über dich.
Macht der Sonne habe ich über dich.
Macht der Sterne habe ich über dich.«

Die ausdruckslosen Augen schwebten näher, sie waren jetzt tellergroß: die Dunkelheit begann zu pulsieren, und Colin griff nach Albanacs Mantel wie ein Ertrinkender; denn das Pulsieren war der Rhythmus seines Herzschlags, und er vermochte nicht mehr zu unterscheiden, wo er aufhörte und die Dunkelheit anfing.

»Macht des Himmels – und – der Welten – habe ich – über – dich.
Macht – Macht – ich kann es nicht festhalten!«

Albanac schwang sein Schwert mit beiden Händen über seinen Kopf und hieb es in den schwarzen Raum zwischen den Augen.
»Eson! Eson! Emaris!«
Unter entsetzlichem Getöse ergleißte Licht. Das Haus bebte, die Tür krachte ein, Wind heulte durch das Zimmer, dann war alles still. Albanac und Colin hoben langsam ihre Köpfe vom Boden und zogen sich an den Türpfosten hoch.
Das Zimmer war verwüstet und die Möbel zertrümmert, der Fensterrahmen war aus der Mauer gesplittert. Albanacs Schwert war zerbrochen. Nur Susan war nichts ge-

schehen: sie lag ruhig da und atmete tief in festem Schlaf. Colin trat ans Bett und sah sie an.

»Sue. Es *ist* doch – Sue?«

Albanac nickte.

Draußen im Hof ertönten Stimmen, dann kamen schwere Schritte die Treppe hinauf, und Gowther stand in der Tür.

»Was –?«

Hinter ihm erschien Bess. »Wer –? Du liebe Zeit! Du liebe Zeit! Oh! Oh! Oh! Oh!«

»Nu sei mal still, Mädchen«, sagte Gowther. Er sah Albanac an. »Nun, Meister, was soll das Ganze?«

»Dies, Bauer Mossock, war der Brollachan.«

»Der *was*?«

»Tja, und es gibt manches zu tun, und zwar rasch – obwohl ich bezweifle, daß wir die Fährte aufnehmen können. Ich muß nach Fundindelve, aber ich werde wiederkommen. Laßt Susan schlafen und achtet darauf, daß das Armband an ihrem Handgelenk bleibt, dann kann ihr nichts passieren.«

»Ich war grade auf dem Weg zum Arzt«, sagte Gowther.

»Nein!« wandte sich Albanac an Gowther. »Das dürft Ihr nicht. Zuerst muß Cadellin sie sehen.«

»Aber –«

»Glaubt mir! Ihr könntet Schaden anrichten. Dies ist nichts für Menschen.«

»Nicht? Vielleicht habt Ihr recht – vielleicht auch nicht. Sie sieht besser aus, das geb ich zu. Also schön: wir warten noch ein Weilchen: aber beeilt Euch lieber.«

»Danke, Bauer Mossock.«

Albanac lief aus dem Haus, und sie sahen ihm nach, bis er hinter den Riddings verschwunden war, und keiner sagte ein Wort.

Gesprochen wurde später. Bess und Gowther hörten sich Colins Geschichte an und akzeptierten sie. Was blieb ihnen übrig? Dem Zeugnis des zertrümmerten Schlafzimmers war nicht zu widersprechen.
Sie hatten mehrere Stunden damit verbracht, zu reparieren, was zu reparieren war, und das übrige notdürftig zusammenzuflicken. Susan hatte die ganze Zeit über ununterbrochen geschlafen: das einzige, womit Bess sich an diesem Tag trösten konnte. Es war ein erholsamer Schlaf, nicht der vollkommen weggetretene, unnahbare komaähnliche Zustand, der Bess mehr beunruhigt hatte als sie zugeben wollte. Susan war noch immer blaß, aber im Vergleich zu vorher war dies eine gesunde Blässe.

*

Es tappte so leise an die Tür, daß sie es nicht gehört haben würden, wenn sie nicht schweigsam über einer späten Tasse Tee gesessen hätten.
»Hat da nicht was geklopft?« fragte Gowther.
»Ich glaube schon«, sagte Bess. »Kann mich aber auch irren.«
»Hallo«, rief Gowther. »Wer ist da?«
»Albanac.«
»Oh!« Gowther ging zur Tür. »Äh-na, kommt herein.«
Albanac trat in die Küche, ihm folgten Uthecar und Cadellin. Der Zauberer mußte sich unter den Balken bücken: wenn er aufrecht stand, war sein Kopf nicht mehr zu sehen.
»Äh – nehmt doch Platz«, sagte Gowther.
»Danke«, sagte Cadellin. »Wie geht es Susan?«
»Oh, sie schläft noch; und wir haben nicht versucht, sie zu wecken, schließlich hat Albanac gesagt, wir sollten sie in

Ruhe lassen, aber sie sieht schon viel besser aus – sonst hätten wir aber auch längst den Doktor geholt, das sag ich Euch.«

»Sie schläft *immer* noch?« fragte Cadellin.

»Ihr habt ihr doch nicht das Armband vom Handgelenk genommen?« sagte Albanac schneidend.

»Nein.«

»Wir sollten sie uns einmal ansehen«, sagte Cadellin.

»Was ist denn los?« fragte Colin. »Was guckt ihr denn alle so finster?«

»Ich hoffe, es ist nichts los«, sagte der Zauberer. »Albanac ist noch rechtzeitig gekommen, und das ist auch gut so. Der Brollachan verläßt einen Körper freiwillig erst dann, wenn er nicht mehr wiederherzustellen ist. Susan ist freigekommen – ohne Schaden zu nehmen, hoffe ich – aber wir täten klug daran, nach ihr zu sehen.«

»Hört mal«, sagte Bess, die seit dem Erscheinen des Zauberers mit offenem Mund dagesessen hatte. »Ich will ja gar nicht so tun, als ob ich euch folgen könnte; aber wenn Susan behandelt werden muß, dann ist dafür der Doktor da. Das sag ich schon die ganze Zeit.«

»Na gut«, sagte Gowther; »ihr könnt sie euch mal anschauen gehen, wenn ihr wollt, aber mehr nicht. Nach dem, was sie anscheinend durchgemacht hat, dürfte ihr jeder weitere Hokospokus höchstens schaden. Morgen holen wir den Arzt, damit er sie mal gründlich untersucht, und dann werden wir weitersehen.«

»Hm«, machte Cadellin.

Sie gingen nach oben. Susan schlief noch immer. Cadellin sah sie an.

»Es wird ihr nichts schaden, sie zu wecken, Bauer Mossock. Ihr Körper ist nicht verletzt, und sie ist ausgeruht.«

Bess beugte sich über das Bett und schüttelte Susan sanft. »Susan. Komm, Liebes: Zeit, aufzustehen.« Susan regte sich nicht. Bess schüttelte sie fester. »Komm schon, Susan. Wach auf.« Aber Susan wollte nicht aufwachen, so sehr Bess es auch versuchte.

»Mistress Mossock«, sagte Cadellin leise, »laßt mich es versuchen.«

Bess trat zurück; der Zauberer nahm Susans Handgelenk und fühlte ihr den Puls, dann zog er ihr ein Augenlid hoch. »Hm.« Er legte seine linke Hand auf ihre Stirn und schloß seine Augen. Schweigen herrschte im Zimmer. Eine Minute, zwei Minuten vergingen.

»Fehlt ihr was?« fragte Colin. Der Zauberer antwortete nicht. Er schien kaum zu atmen. »Cadellin!«

»He! Was soll das?« ereiferte sich Gowther und wollte Cadellin beim Arm packen. Aber Albanac verstellte ihm den Weg.

»Nein, Bauer Mossock: stört ihn nicht.«

Bei seinen Worten schlug Cadellin die Augen auf. »Sie ist nicht da. Sie ist für uns verloren.«

»Was?« schrie Colin. »Was soll das heißen? Sie ist nicht tot. Unmöglich! Seht doch! Sie schläft ja nur!«

»Ihr Körper schläft«, sagte Cadellin. »Wir wollen sie jetzt alleine lassen: ich habe euch etwas mitzuteilen.«

7

Alte Magie

»Der Brollachan«, sagte Albanac, »hat keine Gestalt. Er muß solche von anderen annehmen. Kein sterblicher Körper aber kann dies lange ertragen: er ist ein zu grauenhafter Mieter. Bald dehnt sich der Körper, krümmt sich, nimmt eine *falsche* Form an, dann schrumpft er, verfällt, wird zur Hülse, und der Brollachan streift ihn ab, wie eine Schlange ihre Haut, und nimmt sich einen anderen. Bei Susan sind wir noch rechtzeitig gekommen: wären wir das nicht, so wäre sie wie die Lilie im strengen Frost dahingewelkt. Nun ist sie in Sicherheit: falls wir sie finden können.«

»Aber seid Ihr sicher, daß das oben Susan ist?« fragte Colin. »Als ich gestern abend ihre Hand angefaßt habe, fühlte sie sich – anders an, überhaupt nicht wie eine Hand.«

»Beunruhige dich nicht«, sagte Cadellin. »Dies war ein Nachhall von einer früheren Form. Dergleichen Dinge ziehen sich bei Brollachan in die Länge: sein Geist stellt sich nur langsam auf Veränderungen ein. Auch Menschen, die ein Glied verloren haben, spüren oftmals Schmerzen in einem Arm oder Fuß, der gar nicht mehr da ist.«

»Aber was bringt uns das alles?« fragte Gowther. »Susan liegt da oben, und wir können sie nicht wecken. Es muß doch was geschehen.«

Der Zauberer stieß einen Seufzer aus. »Ich weiß die Antwort nicht, Bauer Mossock. Der Brollachan hat sie aus ihrem Körper vertrieben, und ich vermag nicht zu sehen, wo sie jetzt ist. Sie ist jenseits meiner Zauberkraft: wir werden uns an andere Mächte wenden müssen, um sie zu finden, und bis sie gefunden ist, muß sie hier liegen bleiben, und nie darf Angharad Goldenhands Armband von ihrem Handgelenk genommen werden.«

»Ich wünschte, das wäre nie geschehen«, sagte Albanac. »Ich habe es ihr gebracht, sobald Atlendor es mir zurückgegeben hatte, aber da war es schon zu spät.«

»Also hört mal«, sagte Gowther, »wie lang soll dieser Klamauk denn noch weitergehen?«

»Das wird sich nicht in der Kürze abhandeln lassen«, sagte der Zauberer. »Wochen – Monate – hoffentlich nicht Jahre. Sie ist weit fort.«

»Dann muß der Doktor her, jetzt gleich auf der Stelle«, sagte Gowther. »Hab genug von der Trödelei.«

»Bauer Mossock, Ihr würdet Wasser auf brennendes Öl gießen!« rief der Zauberer. »Seid Ihr denn noch immer nicht im Bilde? Diese Sache ist nichts für sterbliche Hände. Was würde geschehen? Sie würde von uns genommen. Und unsere Aufgabe würde fünfmal so schwierig werden.«

»Nun ja, aber wenn sich ihr Zustand nicht ändert, ist das Krankenhaus der richtige Ort für sie: zum Beispiel wird sie besonders ernährt werden müssen.«

»Nein. Wir werden für sie sorgen. Bei uns wird sie sicher sein. Bauer Mossock, was Ihr vorhabt, ist das Schlimmste, was Ihr tun könntet. Die Gefahr, in der Susan, in der *wir* schweben, wird noch größer werden, wenn Ihr uns hierin nicht folgen wollt.«

Gowther sah den Zauberer forschend an. »Nun – das gefällt mir ganz und gar nicht – aber ich kenne Euch gut genug, um sagen zu können, daß Ihr Euch in diesen Dingen auskennt. Schließen wir also einen Kompromiß. Das macht den Kohl nun auch nicht mehr fett. Falls es Susan nicht plötzlich schlechter gehen sollte, werde ich in den nächsten drei Tagen nichts unternehmen.«

»Drei Tage!« sagte Cadellin. »In drei Tagen läßt sich nicht viel ausrichten.«

»Tja, mag schon sein«, sagte Gowther. »Aber dabei bleibt es jetzt.«

»Dann müssen wir es akzeptieren und hoffen, daß Ihr es Euch noch einmal überlegt.« Der Zauberer erhob sich. »Colin, kommst du morgen mittag zum Goldenstone? Es gibt dort etwas, das Susan brauchen wird.«

*

Colin bog von der Straße ab auf den Pfad, der am Waldrand entlangführte. Links standen Kiefern und Eichen, rechts erstreckten sich Felder und Hügel.

Er kam zu dem grauen Sandsteinblock am Rand des Wegs, den man Goldenstone nannte. Der Stein war von so roher Form, daß wohl kaum jemand bemerkte, daß er Spuren von Werkzeugen trug und keiner der vielen Schichtenköpfe auf der Edge war, sondern in irgendeinem Erdzeitalter zu einem vergessenen Behuf dort aufgestellt worden war. Uthecar und Albanac saßen davor und lehnten sich gegen ihn.

»Setz dich, Colin«, sagte Albanac. »Hier ist's so trocken wie überall. Wie geht es Susan?«

»Unverändert. Habt ihr irgend etwas gefunden, das ihr helfen könnte?«

»Nein«, sagte Uthecar. »Obgleich unsere Gedanken nicht geruht und unsere Augen nicht geschlafen haben, seit wir von dir gegangen sind.«

»Cadellin setzt seine ganze Macht ein«, sagte Albanac, »doch selbst er kann nicht sehen, wo sie ist. Aber sei nur guten Muts: wir werden nicht aufgeben, und andere helfen uns. Wir kommen soeben von Redesmere: die Herrin des Sees schickt dir dies – anderer Nahrung wirst du nicht bedürfen.« Er übergab Colin eine lederne Flasche. »Wein vom Tisch Angharad Goldenhands hat viele gute Kräfte.«

»Danke«, sagte Colin. »Aber ihr werdet Susan doch finden, oder? Es ist doch nur eine Frage der Zeit? Und an was für einem Ort ist sie? Wie kann sie überhaupt woanders sein, wenn sie in ihrem Bett liegt?«

»Ich will dir nichts vormachen«, sagte Albanac. »Die Susan, die dort schläft, ist Länge und Breite und Höhe: die wahre Susan aber ist nichts dergleichen. Du hast diese beiden immer als Einheit gekannt, der Brollachan aber hat sie gespalten wie eine frisch gewetzte Klinge einen Kienspan.«

»Ich glaube«, sagte Uthecar, »ich glaube, Cadellin wird sie nicht finden.«

»Er muß und wird sie finden«, sagte Albanac. »Ich hätte nicht gedacht, dich so schnell entmutigt zu sehen.«

»Ach, du verstehst mich falsch. Ich glaube, daß die Hohe Magie zu fein geschliffen ist für diese Aufgabe.«

»Ich verstehe dich nicht.«

»Ihr seid zu eifrig. Denkt einmal nicht so flink!« sagte Uthecar. »Überlegt doch: von dem Schwert, das bei dem schlafenden König in Fundindelve liegt, heißt es, es könne ein Haar auf der Wasseroberfläche spalten und dem Wind blutige Wunden reißen. Aber würdest du seine Kräfte zum

Fällen einer Eiche nutzen? Ebenso hier: der Brollachan ist Teil des Alten Bösen – er agiert nicht in so luftigen Höhen, wie Cadellin sie kennt. Dem Alten Bösen begegnet man am besten mit der Alten Magie. Gegen ein Heer von tausend Mann reiche man mir jenes Königs Schwert, für diese Eiche aber zöge ich eine Bauernaxt vor.«
»So habe ich das noch nicht betrachtet«, sagte Albanac. »Du könntest recht haben. Und wir müssen nach jedem Strohhalm greifen. Was gibt es aber jetzt noch an Alter Magie? Sie schläft und sollte nicht geweckt werden.«
»Leider verstehe ich mich nicht auf dergleichen«, sagte Uthecar. »Ich habe schon die Lios-Alfar gefragt, aber mit so Niedrigem würden sie sich nie befassen.«
»Was sollen wir tun?« rief Albanac. Uthecars Worte schienen ihm neues Leben eingeflößt zu haben. Selbst Colin, obzwar verwirrt, fing wieder Feuer.
»Wenn ich, ohne viel von der Geheimlehre zu verstehen, darüber nachdächte, was wohl das stärkste Zaubermittel für alle bösen Zeiten wäre«, sagte Uthecar, »dann käme ich wohl auf die Mothan. Doch wo sie wächst in diesem flachen Land des Südens, das könnte ich nicht angeben.«
»Die Mothan!« sagte Albanac. »Ich habe davon gehört! Aber das ist eine Zauberpflanze, die nicht leicht zu finden ist; und wir haben nur drei Tage Zeit.«
»Erzählt mir davon«, sagte Colin. »Ich werde sie finden.«
Uthecar sah ihn an. »Tja, einer solchen Entschlossenheit, wie ich sie an dir wahrnehme, bedürfte es dazu. Es ist eine launische Pflanze: sie wächst nur auf den Höhen des alten, geraden Pfades, und sie blüht nur bei Vollmond.«
»Morgen nacht ist Vollmond!« rief Colin. »Wo ist dieser Pfad?« Er und Albanac waren aufgesprungen, aber Uthecar blieb sitzen.

»Es gibt viele solche Pfade. Alle sind verloren. Ich weiß von zweien jenseits von Minnith Bannawg, doch könnte nicht einmal ein Elf rechtzeitig dorthin gelangen. Auch hier könnten welche sein. Man kann den alten, geraden Pfad nur sehen, wenn man daraufsteht und der Vollmond darüber aufgeht: zu allen anderen Zeiten ist er verborgen.«
»Gibt es denn hier nicht auch einen?« fragte Colin heftig, an Albanac gewandt.
»Das weiß ich nicht. Noch einmal: ich habe zwar davon gehört, aber sie wurden zu einer Zeit angelegt, da es weder Zwerge noch Zauberer gab. Und sie gehören zur Alten Magie, auch wenn wir ihren Zweck nicht kennen, und Totes regt sich, wenn *sie* sich bewegt.«
»Begreift doch! Ich *muß* diesen Pfad finden! Es wird doch eine Möglichkeit geben. Wieso erzählt ihr mir davon, wenn ihr wißt, daß es sinnlos ist?«
»Ich überlegte gerade, ob der Pfad hier bekannt sein möchte«, sagte Uthecar. »Aber leider ist er es nicht. Doch fasse Mut! Es ist Alte Magie, schlicht und feurig. Zutrauen und Entschlossenheit vermögen sie zu rühren. Kann die Mothan überhaupt gefunden werden, so wirst du sie finden, wenn ich auch nicht weiß, wo sie sein könnte.«
»Aber wo soll ich denn zu suchen anfangen?« fragte Colin.
»Vertraue darauf, daß dir Hilfe zuteil werden wird: suche: bemühe dich: denk an Susan: laß nie den Mut sinken. Komm morgen um diese Zeit wieder her, vielleicht haben wir dann schon bessere Neuigkeiten.«
Auf dem Rückweg nach Highmost Redmanhey nahm Colin seine Umgebung nicht wahr. Der alte, gerade Pfad: der alte, gerade Pfad. Das war alles so vage. Der alte, gerade Pfad. Und doch wußte er, daß er davon irgendwo schon einmal gehört hatte, bevor Uthecar ihn erwähnte; was lä-

cherlich war, denn wie konnte er über etwas Magisches Bescheid wissen, das selbst die, welche täglich mit Magie umgingen, kaum mehr als vom Hörensagen kannten? Aber je mehr er sich anstrengte, desto weiter wich die Erinnerung zurück, und desto sicherer wurde er, daß er diese Frage beantworten könnte, wenn ihm einfiele, wo er von dem Pfad gehört hatte.

Wieder auf dem Hof, nahm Colin ein trostloses Mahl ein. Er hatte die Suche nach dem alten, geraden Pfad aufgegeben, und seine Gedanken beschäftigten sich nur noch mit Susan.

Die Mossocks aßen schweigend, ihre Gesichter waren von Kummer gezeichnet.

Auf einmal – wie es oft geschieht, wenn man ein Problem beiseitegeschoben hat – tauchte das Bild, das sich ihm entzogen hatte, in Colins Gedanken auf.

»Ich hab's!«

Er sprang von seinem Stuhl auf und rannte nach oben in sein Zimmer. Dort bückte er sich hastig über sein Bett und zog Gowthers in Leder gebundenen Folianten aus dem Regal. Irgendwo auf diesen vierhundertundfünfzig Seiten stand eine Anspielung auf den alten, geraden Pfad: das wußte er ganz genau. Der Eintrag stand jetzt deutlich vor seinem inneren Auge: er befand sich gegenüber einer Seite mit heraldischen Aufzeichnungen, einer Abbildung von einem Wappenschild – ein Sparren zwischen drei Eberköpfen. Doch selbst jetzt noch war Colin dermaßen aufgeregt, daß er das Buch zweimal durchblättern mußte, ehe er die Stelle fand. Und als er dann las, schien ihm die trockene Gelehrsamkeit der Notizen des Pfarrers so weit vom Wunder der Magie entfernt, daß er zu zweifeln begann.

»Heute schritt ich einen alten, geraden Pfad ab, der, wie ich glauben muß, noch vor der Ankunft der alten Römer an unseren Gestaden von unseren barbarischen Vorfahren angelegt wurde.
Ich bin diesem Weg von Mobberley bis zur Edge gefolgt. Er wurde in einer so fernen Epoche angelegt – wenn dies der richtige Ausdruck ist –, daß keinerlei Zeugnisse mehr davon existieren, von etlichen Erdwällen und Steinen abgesehen, die als Richtungsweiser aufgestellt wurden. Von diesen sind auf der Edge die bemerkenswertesten die Bake und der Goldenstone, und vom letzteren aus gesehen – hier beschloß ich meine Exkursion – schien der Pfad mit dem Felsgipfel Shining Tor, der sich in Richtung Buxton in neun Meilen Entfernung erhebt, eine gerade Linie zu bilden.
Man kann nicht aufhören, das Geschick jener unbekannten Architekten zu bewundern, die, aller Wissenschaft bar –«

Colin klappte das Buch zu. Die freudige Erregung war verschwunden. Aber woran sonst sollte er sich denn halten, wenn nicht daran? Er mußte es versuchen.
»Fehlt dir was, Junge?« fragte Bess, als er herunterkam. »Siehst aus, als ob du eine Mark verloren und einen Groschen gefunden hättest.«
»Nein: schon gut«, sagte Colin. »Tut mir leid. Mir ist bloß eine Stelle in dem alten Buch eingefallen. Wißt ihr, wo auf der Edge die Bake ist?«
»Tja«, sagte Gowther, »das ist die höchste Stelle der Edge. Du kennst doch den Höhenpfad vom Castle Rock nach Stormy Point? Nun, kurz davor biegst du nach links ab,

und die Bake ist der runde Hügel rechts über dir. Kannst es nicht verfehlen: auf dem Gipfel stand früher mal eine Steinhütte, und die Fundamente sind jetzt noch zu sehen.«

»Was dagegen, wenn ich mir das heut nachmittag mal ansehen gehe?« fragte Colin.

»Nein, natürlich nicht«, sagte Bess. »Dann hast du mal was zu tun; was Besseres gibt's gar nicht, um dich abzulenken.«

»Danke; ich werde nicht lange bleiben.«

*

Gowther hatte recht. Die Bake war nicht zu verfehlen. Es war ein Hügel mit glatter Oberfläche, offensichtlich künstlich angelegt, der auf dem höchsten Punkt der Edge aus den Bäumen ragte. Es sah aus wie ein Grabhügel.

Colin wanderte auf dem ganzen Hügel herum, aber der einzige Weg dort war neuzeitlich und alles andere als gerade.

Von der Bake aus ging Colin durch den Wald zum Goldenstone, der etwa einen halben Kilometer entfernt war; einen Weg konnte man nicht erkennen. Colin ging in gerader Linie an Goldenstone vorbei über eine leichte Bodenerhebung, bis er ein paar Meter weiter an den Rand des Waldes kam. Von hier aus war hinter dem Ackerland das Penninische Gebirge zu sehen, und an einer Stelle, unmittelbar vor Colin, erhob sich ein nicht sehr hoher, aber deutlich erkennbarer Gipfel aus der hohen Bergkette. Wieder gab es nirgends auch nur die Spur eines Pfades.

Vermutlich Shining Tor, dachte Colin. Nun, die Aufzeichnungen trafen immerhin zu. Ich sollte wohl Albanac Bescheid sagen. Schließlich ist es das einzige, woran man sich halten kann, falls *er* nichts ausgegraben hat.

8

Shining Tor, der leuchtende Fels

»Das könnte sein«, sagte Albanac. »Das könnte sein. Obwohl wir Goldenstone für Elfenwerk halten, fällt mir jetzt das Gerücht ein, die Elfen hätten ihn hier beim Bau der Straße entdeckt.«

»›Könnte sein‹!« schrie Uthecar. »Du würdest dem Wolf glatt die Zähne absprechen, solange sie dir nicht den Hals zerbeißen! ›Könnte sein‹! So *ist* es! So *ist* es! Die Alte Magie ist uns zuliebe lebendig geworden: sie hat dir den Weg in ihr Innerstes gewiesen, den alten, geraden Pfad vom Bakenhügel. Dort mußt du dich heute nacht hinstellen, Colin, und jegliche Chance beim Schopf packen.«

»Eben dies gefällt mir nicht«, sagte Albanac. »Mit der Bake sind befremdliche Erinnerungen verbunden.«

»Na und? Ich werde da sein, Colin, und mein Schwert soll dich schützen.«

Der Rest des Tages schleppte sich für Colin unerträglich dahin. In seinem Taschenkalender und in der Zeitung sah er die Zeit des Mondaufganges nach: dann befiel ihn ein entsetzlicher Gedanke. Was, wenn es diese Nacht bewölkt wäre? Würde das etwas ausmachen? Also las er den Wetterbericht und stieg dreimal auf die Riddings, um sich den Himmel anzusehen. Aber er hätte sich nicht zu ängstigen

brauchen. Die Nacht war klar, als er sich endlich aus dem Bauernhaus schlich und dem Wald zueilte.
Am Goldenstone traf er auf Uthecar, und sie gingen zusammen durch die stille Dunkelheit.
»Wird der Mond über dem Pfad aufgehen?« fragte Colin.
»Dies ist unser größtes Risiko«, sagte Uthecar. »Aber ich denke schon: wenn nicht, können wir nicht viel tun.«
»Und woran soll ich die Mothan erkennen, wenn ich sie sehe?«
»Sie wächst alleine zwischen den Felsen: die Blätter haben fünf Spitzen, die Wurzeln sind rot, und sie spiegelt das Mondlicht wider. Wenn du sie siehst, wirst du sie erkennen.«
Sie erkletterten den Hügel, auf dem die Bake gestanden hatte. Oben, auf einer kleinen Sandfläche, luden ein paar Sandsteinblöcke zum Sitzen ein. Sie ließen sich nieder und warteten. Sein Schwert hatte der Zwerg sich über die Knie gelegt.
»Was soll ich mit der Mothan machen, wenn ich sie finde?« fragte Colin.
»Nimm die Blüte und ein paar Blätter«, sagte Uthecar, »und gib sie Susan: aber achte darauf, daß du nicht die Wurzeln verletzt, und nimm auch nicht alle Blätter.«
Schweigend saßen sie da. Colin wollte nicht reden. Er konnte ein Zittern in seiner Stimme nicht unterdrücken, und die ganze Zeit war er außer Atem. Nachdem er immer wieder auf seine Uhr geschaut hatte, stand Colin schließlich auf und begann den Gipfel des Hügels vor- und rückwärts abzuschreiten. Er starrte in die Dunkelheit. Nichts regte sich, nichts zeigte sich. Am Ende ließ er sich auf einen Stein sinken und legte den Kopf zwischen seine Hände.

»Es hat keinen Sinn«, sagte er matt. »Der Mond hätte schon vor fünf Minuten aufgehen müssen.«
»Gräme dich noch nicht«, sagte Uthecar. »Der Mond wird erst über die Berge steigen müssen. Steh auf, Colin: halte dich bereit.«
Der Zwerg entfernte sich ein Stückchen von Colin, ließ ihn allein auf dem Gipfel des Hügels. Einen Augenblick lang herrschte Schweigen, dann sagte Colin: »Hört. Könnt Ihr das hören?«
»Ich höre Nachtgeräusche: sonst nichts.«
»Hört! Es ist Musik – wie Stimmen, die rufen, und Glokken aus Eis! *Und seht doch! Da ist der Pfad!*«
Plötzlich war durch die Bäume und über den Bakenhügel hin eine schimmernde Linie geflossen, ein Geflecht gleißender, lebendiger Silberfäden. Etwas Ähnliches hatte Colin schon einmal gesehen, an einem einzigartigen Morgen, als ein Sonnenstrahl einen Pfad durch den betauten, unsichtbaren Teppich von Spinnennetzen geschnitten hatte, der auf den Feldern lag. Doch das war nichts gewesen im Vergleich zu der Schönheit, die er jetzt sah. Der Pfad zitterte unter seinen Füßen, und er starrte ihn an wie gebannt.
»Lauf!« rief Uthecar. »Vergeude nicht deine Zeit!«
»Aber in welche Richtung?« schrie Colin. »Er geht nach links und rechts, soweit das Auge reicht!«
»Nach Osten! Zu den Bergen! Schnell! Der Pfad wird verschwinden, wenn der Mond nicht mehr darübersteht! Lauf! Lauf! Möge das Glück dich begleiten!«
Colin lief den Hügel hinunter, seine Füße waren silbern beflügelt. Die Bäume schwammen um ihn her, einmal spürte er dicht neben sich Goldenstone, dann brach er aus dem Wald, und vor ihm lag der alte, gerade Pfad, senkte

sich, floß über die geschwungenen Felder, stieg an – ein silberner Faden wie ein Bergstrom in der Ferne, über die Berge hin bis hinauf zum Gipfel von Shining Tor, und dahinter die runde Scheibe des Mondes, weiß wie ein Elfenschild.

Weiter, weiter, weiter, weiter und schneller, immer schneller zog ihn der Pfad, durchfloß ihn, füllte seine Lungen und sein Herz und seine Gedanken mit Feuer, sprühte aus seinen Augen, strömte von seinem Haar, und die Glocken und die Musik und die Stimmen gehörten ihm ganz allein, und aus den Tiefen der Erde und des nachtblauen Himmels sang ihm die Alte Magie zu.

Dann stieg der Pfad vor ihm an, und er war in den Bergen. Frei stand der Mond über Shining Tor. Und als Colin die Wand des Felsengipfels erklomm, verflüchtigte sich der Pfad wie ein Rauchschleier. Sein Körper wurde schwer und zog ihn von dem Berg, aber Colin stieß einen einzigen lauten Schrei aus und griff nach dem Gipfel: die Glocken gingen unter im Schluchzen seines Atmens, im Hämmern seines Bluts.

Er schlug die Augen auf: rauher Sandstein, grau im Mondlicht, lag an seiner Wange. Aus seinen Fingern, die sich an den Felsen klammerten, quollen Blätter mit fünf Spitzen, und unter der Höhlung seiner Hand leuchtete es schwach wie Mondschein.

*

Über Wildboarclough ragte der Kegel von Shuttlingslow aus den langen Bergketten, Wachtturm der Ebene, die sich vom Rivington Pike bis zu dem Wall von Moel Fammaw erstreckte. Aber Colin nahm nichts davon wahr, denn seine Augen und sein ganzes Sinnen waren auf die zierliche

Mothan fixiert, die er schützend in den Händen hielt. Er hatte die Blüte und zwei Blätter genommen. Die Blumenblätter flackerten in einem kalten Glühwürmchenlicht, und die feinen Härchen auf den Blättern glänzten silbern. Minuten strichen dahin: dann legte Colin die Mothan sachte in einen Lederbeutel, den Uthecar ihm für diesen Zweck mitgegeben hatte, und sah sich um.
Der alte, gerade Pfad war verschwunden, aber unter Shining Tor begann die Straße von Buxton ihren gewundenen Abstieg nach Macclesfield. Colin ging über den Grat bis ans Ende der Klippe, dann bahnte er sich vorsichtig einen Weg über das rauhe Moorland zur Straße hinunter.
Es war Mitternacht. Die Straße fühlte sich seltsam kalt und glatt an unter seinen Füßen, nach all den Schilfbüscheln und Felsbrocken von Shining Tor. Nachdem die Glut der Erregung erst einmal erloschen war, und mit dem Abstieg vom Berg war sie schnell erloschen, fühlte er sich müde – und zunehmend unbehaglicher. So still war die Nacht, so einsam die Straße im Mondlicht. Aber dann dachte Colin an Susan, die in Highmost Redmanhey im Bett lag, und an die Mothan in seiner Tasche, an das Wunder dieses Abends, und seine Schritte wurden beschwingter.
Schritte. Das war es, was er hörte: hinter ihm. Er blieb stehen und lauschte. Nichts. Er sah sich um. Die Straße war leer. Muß ein Echo sein, dachte Colin und zog wieder los. Jetzt aber hörte er bewußt hin, und bald geriet er ins Schwitzen. Deutlich hörte er seine Schritte auf der Straße, danach ihr Echo von der Bruchsteinmauer und dem Berg, und zwischen jedem Schritt und seinem Echo ein Tapp-Tapp von Füßen; und wie es sich anhörte, waren diese Füße nackt. Er blieb stehen. Nichts. Sah sich um. Die Straße war leer. Aber der Mond warf Schatten.

Colin biß die Zähne zusammen und ging schneller. Schritt. Echo. Schritt. Echo. Schritt. Echo. *Schritt. Echo.* Er holte wieder Luft. Die Nerven! Nichts als – tapp, tapp, tapp. Colin wirbelte herum. Bewegte sich einer der Schatten?

»Ist da wer?« schrie er.

»Er! Er! Er!« sagte der Berg.

»Ich – ich sehe dich! Da!«

»Ha! Ha! Ha!«

Es spricht sehr für Colin, daß er nicht davonrannte. Er war kurz davor, in Panik auszubrechen, aber er riß sich zusammen und zwang sein Gehirn zum Nachdenken. Wie weit war es bis Macclesfield? Sechs Kilometer? Laufen also zwecklos. Er drehte sich langsam um und begann zu gehen. Und obwohl er keine zehn Schritte tun konnte, ohne sich umzusehen, entfernte er sich stetig von Shining Tor. Er sah nichts. Doch die Schritte, die keine richtigen Echos waren, blieben immer bei ihm.

Nach einer halben Stunde begann Colin zu glauben, daß er die Stadt vielleicht erreichen würde, denn was auch immer ihn verfolgte, schien sich damit zu begnügen: nie verkürzte es den Abstand zwischen ihnen. Plötzlich, als er sich einer engen Kurve näherte, hörte Colin etwas, das ihn abrupt stehenbleiben ließ. Ein neues Geräusch, und diesmal kam es von vorn: Hufe – das Geräusch eines langsam schreitenden Pferdes.

Er sah hinter sich. Immer noch nichts. Aber zurückgehen konnte er nicht. Und abseits der Straße kannte er sich kaum aus. Aber wieso sollte er sich vor diesem neuen Geräusch fürchten? Colin war dermaßen angespannt, daß er sich vor seiner eigenen Stimme fürchtete. Er konnte keinen Entschluß fassen: er saß in der Falle.

Sein Blick war auf den Teil der Straße fixiert, wo sie wie eine schwarze Zunge außer Sicht abbog. Das leise Hufgeklapper schien gar nicht mehr aufhören zu wollen. Die Straße würde ewig leer bleiben –

Das Pferd war schwarz, und sein Reiter trug einen Mantel und einen Hut mit breiter Krempe.

»Albanac!«

Colin wankte lachend auf ihn zu. Ein Hauch von Wirklichkeit – selbst solcher Wirklichkeit – und schon war alles anders. Colin sah wieder optimistischer drein. Es war eine schöne Nacht, der Vollmond lag auf friedlichen Bergen, und Susan wartete darauf, daß er ihr die Mothan bringe. Von dem Zeitpunkt an, da er die Bake verlassen hatte, bis zu diesem Augenblick hatte er in einer anderen Sphäre des Daseins existiert: das alles war zuviel gewesen für seine Einbildungskraft.

»Albanac!«

»Colin! Ich dachte mir schon, du wärest irgendwo auf der Straße. Hast du die Mothan?«

»Ja!«

»Dann komm. Eilen wir zu Susan.«

Albanac langte herunter und hob Colin vor sich in den Sattel, dann lenkte er sein Pferd auf Macclesfield zu.

»Aber Colin, du bist ja ganz naß und zittrig. Stimmt etwas nicht?«

»Nein. Das Ganze war nur ein bißchen verwirrend. Ich hab vielleicht was erlebt!«

»Ja, so scheint's mir.«

Bei seinen Worten wandte das Pferd den Kopf und blickte die Straße entlang zurück. Es schnaubte, und seine Ohren legten sich flach an den Schädel.

Albanac bog sich im Sattel. Colin, halb in den Mantel gehüllt, konnte die Straße hinter sich nicht sehen, aber er merkte, wie Albanac sich versteifte, und hörte seinen Atem durch die Zähne zischen. Dann klatschten die Zügel dem Pferd an den Hals, und es sprang mit dem ganzen Temperament seines Feenblutes davon, und die Geschwindigkeit seines Laufs ließ Colin weitere Fragen im Hals stecken bleiben; die Nacht erfüllte seine Ohren, und der Mantel knatterte im Wind.

Albanac hielt erst an, als sie auf den Riddings ankamen; sie blickten auf Highmost Redmanhey hinunter, Holz und Pflaster vom Mondlicht gesprenkelt, eine Lampe im Fenster des Zimmers, in dem Susan lag.

»Warum ist dort Licht an?« fragte Colin.

»Alles ist gut«, sagte Albanac. »Cadellin erwartet uns.«

Das kleine Zimmer war gedrängt voll. Als Colin die Tür aufmachte, rief Bess: »Oh, wo warst du denn nur? Du hättest nicht –«

»Genug, Liebste«, sagte Gowther leise. »Hast du bekommen, was du holen wolltest, Colin?«

»Ja.«

»Und dir ist nichts passiert?«

»Nichts.«

»Nun, das ist die Hauptsache. Wollen sehen, was jetzt zu tun ist.«

Colin holte die Blüte und die Blätter aus seinem Beutel.

»Gut gemacht«, sagte Uthecar. »Das ist die Mothan. Gib sie deiner Schwester.«

»Hier, bitte«, sagte Colin und gab die Mothan an Cadellin weiter. Aber der Zauberer schüttelte den Kopf.

»Nein, Colin. Dies ist die Alte Magie: sie wird sich meinem Geist nicht beugen. Laß Uthecar sie nehmen: er kennt sich damit besser aus.«

»Nein, Cadellin Silberbraue«, sagte der Zwerg. »Sie wird nicht auf mich hören. Ich bin ihrer nicht bedürftig. Nur durch Colin läßt sie sich bewegen. Falte die Blüte in die Blätter und lege sie ihr in den Mund.«
Colin trat an das Bett. Er faltete die Mothan fest zusammen und öffnete Susans Kiefer mit seinen Fingern gerade weit genug, um ihr das Kügelchen zwischen die Zähne stecken zu können. Dann trat er zurück, und die Stille spannte sich allen wie ein stählernes Band um den Kopf. Drei Minuten verstrichen: nichts geschah.
»Das ist doch Quatsch«, sagte Bess.
»Ruhe!« sagte Uthecar heiser.
Wieder langes Schweigen. Colin glaubte, er würde zusammenbrechen. Seine Beine zitterten vor angestrengter Konzentration.
»Hört!« sagte Albanac.
Aus weiter Ferne und, wenn überhaupt von irgendwo, dann von oben, hörten sie ein schwaches Bellen und den tiefen Ton eines Horns. Das Bellen kam näher, und jetzt klingelte es wie Pferdegeschirr. Wieder tönte das Horn: direkt draußen vor dem Fenster. Und Susan schlug die Augen auf.
Sie blickte wild um sich, als ob sie mitten aus einem Traum gerissen worden wäre. Dann setzte sie sich auf, verzog das Gesicht und steckte eine Hand in den Mund. Doch Uthecar sprang durchs Zimmer und versetzte ihr mit der flachen Hand einen harten Schlag zwischen die Schulterblätter.
»Runterschlucken!«
Susan konnte gar nicht anders. Der Schlag ließ sie aufstoßen, und die Mothan war hinunter. Dann sprang Susan aus dem Bett. Sie lief ans Fenster und riß es so heftig auf, daß

die Lampe auf den Hof gestoßen wurde und das Brennöl unten gleißend explodierte. Susan lehnte sich aus dem Fenster, und Colin stolperte durch das jetzt dunkle Zimmer und ergriff sie an den Schultern, denn sie schien auf irgend etwas versessen zu sein, das sie alle Gefahr vergessen ließ.

»Celemon!« rief sie. »Celemon! Warte auf mich!«

Colin zog sie über das Fensterbrett zurück – dann klammerte er sich an den Rahmen, um selbst nicht abzustürzen, denn was er jetzt am Himmel über dem Hof sah, zog ihm vor Entsetzen fast die Beine weg.

Er konnte nicht erkennen, ob das Sterne waren oder etwas anderes. Der Himmel war in dunstiges Mondlicht gehüllt, und in diesem Dunst schienen die Sterne neue Bilder gebildet zu haben, Sternbilder, die sich bewegten, lebendig waren und Form und glitzernden Umriß von neun jungen Frauen zu Pferde annahmen, so riesenhaft, daß sie das Firmament ausfüllten. Sie umkreisten da oben den Hof, trugen Falken auf den Armen, und zwischen ihnen tänzelten Hunde mit funkelnden Augen und juwelengeschmückten Halsbändern. Die Reiterinnen trugen kurze Umhänge, ihre Haare flatterten schimmernd am Himmel. Dann tönte wieder das Horn, die Pferde bäumten sich auf und brausten über die Ebene, und aus der Nacht ergossen sich Sternschnuppen ins Meer.

Nur Colin hatte das gesehen. Als er sich wieder ins Zimmer umwandte, erschien Bess mit einer Lampe in der Tür. Susan stand vor dem Fenster, Tränen liefen ihr über die Wangen. Doch als es wieder hell war im Zimmer, entspannte sie sich und seufzte.

»Wie geht es dir, Susan?« fragte Cadellin.

Sie sah ihn an. »Cadellin. Bess. Gowther. Uthecar. Colin.

Albanac. Oh! Was war denn das? Ich hatte euch vergessen.«

»Setz dich aufs Bett«, sagte Cadellin. »Erzähle uns, was du von den vergangenen Tagen noch weißt. Doch zuerst, Mistress Mossock, bringt Susan bitte etwas zu essen und zu trinken. Mehr bedarf es jetzt nicht zu ihrer Sicherheit.«

Dies war rasch geschehen, und während sie aß, erzählte Susan ihre Geschichte. Sie sprach zögernd, als versuche sie eher, sich selbst etwas zu beschreiben als jemand anderem.

»Ich erinnere mich, ins Wasser gefallen zu sein«, sagte sie, »und alles wurde schwarz. Ich hielt solange die Luft an, bis ich vor Schmerz nicht mehr konnte, aber gerade da floß das Wasser schnell von mir ab ins Dunkel, und – na ja – obwohl es immer noch genauso dunkel war, plötzlich war ich irgendwo anders, ich schwebte – eigentlich nirgendwo, einfach bloß rückwärts und vorwärts und im Kreis im Nichts. Ihr kennt das ja, wenn man sich nachts im Bett manchmal einbilden kann, das Bett würde zur Seite kippen, oder das Zimmer sich um einen drehen? Genau so ein Gefühl war das.

Das war gar nicht so schlimm, aber die Geräusche haben mir nicht gefallen. Überall um mich her piepste und krächzte es – wie Stimmen, nein, eigentlich keine Stimmen. Bloß wirre Geräusche; aber sie kamen aus Kehlen. Einige aus der Nähe, andere von weit her. Dies ging eine ganze Weile so, sehr unangenehm. Aber ich hatte keine Angst und machte mir auch keine Sorgen darüber, was mit mir geschehen würde – obwohl ich es jetzt mit der Angst zu tun bekomme, wenn ich daran denke! Es gefiel mir nicht, wo ich war, gleichzeitig aber konnte ich mir gar nicht vorstellen, wo ich sonst hätte sein wollen. Und dann spürte ich auf einmal, wie eine Hand mein Handgelenk

faßte und mich nach oben zog. Da war ein Licht zu sehen, und ich hörte jemand schreien – jetzt denke ich, das war Albanac –, und ich begann mich noch schneller zu bewegen als vorher; so schnell, daß mir schwindlig wurde. Das Licht wurde immer heller, und es wurde auch nicht anders, wenn ich die Augen zumachte. Dann wurde ich wieder langsamer, das grelle Licht tat nicht mehr so weh, und ich konnte den Umriß der Hand sehen, die mich festhielt. Und dann war es, als ob ich durch eine Lichtschicht stoßen würde, und ich lag in flachem Wasser am Ufer eines Meeres, und über mir stand eine Frau, rot und weiß gekleidet, und wir waren mit unseren Armbändern aneinandergekettet – und Cadellin! das fällt mir jetzt auf! Sie hatte dasselbe wie ich, wie jenes, das mir Angharad gegeben hat!«
»Ja, schon möglich«, sagte der Zauberer ruhig. »Egal: erzähle weiter.«
»Also, sie hat dann ihr Armband aufgemacht und von meinem gelöst, dann sind wir am Strand entlanggegangen, und sie hat gesagt, ihr Name wäre Celemon und wir gingen jetzt nach Caer Rigor. Ich hatte nicht das Gefühl, irgendwelche Fragen stellen zu müssen: ich nahm alles hin, wie es kam, wie in einem Traum.
Wir schlossen uns den anderen an, die uns auf einer felsigen Landspitze erwarteten, und ritten über das Meer in Richtung Caer Rigor; alle waren aufgeregt und sprachen von ihrer Heimat. Dann hatte ich plötzlich einen bitteren Geschmack im Mund und die anderen alle auch, und so sehr wir uns auch bemühten voranzukommen, kamen wir nicht weiter. Celemon sagte, wir müßten umkehren, was wir auch taten, und dann wurde mir wieder schwindlig, und der Geschmack in meinem Mund wurde immer schlimmer, bis ich dachte, daß ich mich übergeben müßte,

und ich konnte nicht mehr im Gleichgewicht bleiben und fiel von dem Pferd herunter, kopfüber in das Meer oder den Nebel oder was das war. Ich fiel stundenlang, und dann schlug ich auf etwas Hartes auf. Ich hatte die Augen zugemacht, damit es mir nicht noch schlechter wurde, und als ich sie aufschlug, war ich hier. Aber wo ist Celemon? Werde ich sie nicht wiedersehen?«
»Doch, ganz bestimmt«, sagte der Zauberer. »Eines Tages werdet ihr euch wiederbegegnen und über das Meer nach Caer Rigor reiten, und dann wird dich nichts Bitteres mehr zurückreißen. Doch alles zu seiner Zeit. Jetzt mußt du dich ausruhen.«
Sie ließen Susan mit Bess allein und gingen nach unten in die Küche.
Colin war ganz benommen vor Erschöpfung und Verwirrung, und als er auf der Treppe zu beschreiben versuchte, was er gesehen hatte, als er Susan vom Fenster weggezogen hatte, blieben alle gleichgültig bis auf Cadellin, der dies alles wie zur Bestätigung seiner eigenen Gedanken hinzunehmen schien.
»Caer Rigor«, sagte der Zauberer. »Caer Rigor. Oh, wir sitzen jetzt auf einem Pulverfaß. Caer Rigor. Nur gut, daß du die Mothan wirklich gefunden hast, Colin, denn wäre sie erst einmal dort angelangt, hätte weder die Hohe noch die Alte Magie sie je wieder zurückbringen können.

Dreimal in Prydwens Fülle zogen wir dort hin:
nur sieben kehrten je zurück aus Caer Rigor.

So wird es in einem Lied überliefert. Tja, es geschieht nicht eben häufig, daß die Alte Magie so viel Gutes tut.«
»Was meint Ihr damit?« fragte Colin. »Das ist doch keine

Schwarze Magie? Sagt doch, bitte! Und was ist mit Sue passiert?«

»Das ist schwierig zu erklären«, sagte der Zauberer. »Ich würde damit lieber noch warten, bis wir uns ausgeruht haben. Aber wenn du es unbedingt wissen willst, dann muß ich es dir sagen – wenn du auch am Ende womöglich weniger verstehst als jetzt. Nein, Colin, die Alte Magie ist nicht böse, aber sie ist eigensinnig. Sie kann durchaus zu deinen Gunsten, aber nicht auf dein Geheiß wirksam werden. Auch ist die Alte Magie mit Kräften verbunden, die erwachen, wenn sie sich regt. Auch diese sind an sich nicht böse, aber wankelmütig und passen nicht in diese Zeiten.«

»So ist es allerdings«, sagte Albanac. »Der Wilde Jäger war auf der Straße.«

»Du hast ihn gesehen?« fragte Cadellin scharf.

»Ich habe ihn gesehen. Er kam mit Colin aus seinem Bett auf Shining Tor. Er wollte wohl wissen, wer ihn geweckt hatte.«

»Was?« sagte Colin. »Wer ist das? Auf der Straße? Ich habe gehört, daß mir jemand gefolgt ist, jedenfalls bildete ich mir das ein, aber als ich Euch dann traf, kam es mir ziemlich lächerlich vor.«

»Tja, vielleicht war's das auch.«

»Ja, aber von wem sprecht ihr eigentlich?«

»Von einem alten Unwesen«, sagte der Zauberer. »Es hat keinen Schaden angerichtet, daher braucht jetzt nicht mehr darüber gesagt zu werden. Ich will versuchen zu erklären, was Susan uns eben berichtet hat. Das könnte uns noch alle berühren.«

»Du liebe Zeit, darauf gebt Ihr doch sicher nicht viel!« sagte Gowther. »War doch nur 'n Traum! Hat sie ja selbst gesagt.«

»Sie hat gesagt, es war *wie* ein Traum«, sagte Cadellin. »Ich wünschte, ich könnte es darauf beruhen lassen: aber es ist die Wahrheit, und ich habe den Verdacht, es gibt da noch mehr als das, woran sie sich erinnern kann.

Brollachan hat sie von der einen Ebene der Welt, auf der die Menschen geboren sind, in die Finsternis des formlosen Lebens hinabgestoßen, welche die Zauberer Abred nennen. Von dort wurde sie auf die Schwelle der Sterne des Sommers emporgehoben, die so weit über dieser eurer Welt liegt wie Abred darunter: und nur wenige sind je so weit gekommen, noch wenigere zurückgekehrt, und keiner von diesen unverändert.

Sie ist mit den Leuchtenden geritten, den Töchtern des Mondes, die von ihrem Wohnsitz hinterm Nordwind mit ihr gekommen sind. Nun ist sie hier. Doch haben die Leuchtenden Susan nicht aus freien Stücken gehen lassen, denn durch sie könnten sie ihre Macht in der Welt wieder erstehen lassen – die Alte Magie, die schon seit langem nicht mehr hier existiert. Diese Magie entzieht sich unserer Lenkung: es ist eine Magie des Herzens, nicht eine des Verstandes: sie kann gefühlt, aber nicht gewußt werden: und ich erblicke darin nichts Gutes.

Susan ist nicht zufällig ein Opfer Brollachans geworden. Auch Rache war hier im Spiel.

Was sie gerettet hat und jetzt beschützt, ist einzig das Amulett von Fohla – ihr Segen und ihr Fluch. Denn es schützt sie vor dem Bösen, das sie zerschmettern will, führt sie aber zugleich immer weiter fort von den Pfaden menschlichen Lebens. Je länger sie es trägt, desto weniger kann sie es entbehren. Und es ist längst zu spät, es abzulegen.

Ist dies nicht schon genug, ohne daß auch noch die Alte

Magie aus ihrem Schlaf erweckt wurde? Mir wäre leichter ums Herz, wenn ich wüßte, daß das, was du heut nacht hast lebendig werden lassen, ebenso leicht wieder zur Ruhe gebracht werden könnte.«

*

Colin lag wach; noch lange, nachdem der Zauberer gegangen war, jagten ihm die vergangenen Stunden durch den Kopf. So vieles blieb unbeantwortet, so vieles unverstanden, so viel war erreicht worden – ohne sein Zutun, wie er spürte: er war nur ein Werkzeug gewesen. Aber Susan war gerettet, Susan war – Colin fuhr im Bett auf. Unter dem offenen Fenster hörte er ein leises, vertrautes Geräusch. Tapp, tapp, tapp, tapp, tapp. Er sprang aus dem Bett und schlich sich zum Fenster.

Dunkel lag der Hof im Schatten des Bauernhauses. Colin lauschte, aber jetzt war nichts zu hören. Er spähte angestrengt hinaus – und konnte den Schrei nicht ersticken, der ihm in die Kehle sprang. Der Schatten des Daches zog sich als gerade Linie über das Fundament des Kuhstalls auf der anderen Seite des Hofs, und über diese Linie ragte der Schatten eines Geweihs, eines stolz geschwungenen Hirschgeweihes.

Bei seinem Aufschrei setzte sich der Schatten in Bewegung und verschwand. Tapp, tapp, tapp. Nachdem die Schritte verklungen waren, schwieg die Nacht.

9

Die Reiter von Donn

Am nächsten Morgen machte Susan einen durchaus guten Eindruck, trotz allem, was ihr zugestoßen war. Sie sah gut aus, und sie fühlte sich auch so. Aber Bess bestand darauf, daß sie im Bett bliebe, und man holte den Arzt. Sie war ziemlich verärgert, als der Doktor sagte, Susan fehle nichts, er könne nichts finden.

Tage gingen dahin. Die Kinder verbrachten die meiste Zeit damit zu erörtern, was sie gesehen und getan hatten. Susan merkte, daß sie das, was zwischen ihrem Sturz in den Steinbruch und dem Augenblick, da sie die Mothan heruntergeschluckt hatte, mit ihr geschehen war, rapide vergaß. Es war wirklich wie ein Traum: anfangs deutlicher und realer als alles andere, doch bald überschwemmt von der klareren Flut der Tageseindrücke. Ihrem kurzen Bericht, den sie in den Minuten unmittelbar nach ihrer Rückkehr abgegeben hatte, vermochte sie nicht viel mehr hinzuzufügen.

Mehr Sorgen machten ihr Colins Erlebnisse mit dem Brollachan, und obwohl er ihr die Ereignisse nur in groben Zügen geschildert hatte, konnte sie mehrere Nächte danach nur schlecht schlafen.

Colin ging mehr ins Detail, als er zu beschreiben versuchte, was er am Himmel gesehen hatte, nachdem er Susan vom Fenster weggezogen hatte. Doch gelang es ihm nicht ganz. Das deutlichste Bild, das er davon vermitteln konnte, bestand in einem Vergleich der Reiterinnen und ihrer Hunde mit den Figuren auf den Sternenkarten in einer alten Enzyklopädie zu Hause, wo ein Zeichner die einzelnen Sterne der Sternbilder kunstvoll miteinander verbunden hatte, um zu zeigen, daß der Drachen Orions in Wirklichkeit drei Viertel eines Riesen und das W Cassiopeias eine auf einem Stuhl sitzende Frau darstellte. Aber alles das entsprach nicht Susans Bild von den Reiterinnen. Für sie war Celemon eine ganz gewöhnliche Frau gewesen, auf ihrer Seins-Ebene genauso körperhaft wie jetzt Colin. Alles andere war ihr unbegreiflich.

Mit den Schritten, die Colin gehört hatte, konnte keins von beiden etwas anfangen. Auch Gowthers Auskunft half ihnen nicht weiter, als sie ihn fragten, ob es auf der Edge Hirsche gäbe.

»Ach wo«, sagte er. »Ja, zu Lord Stanleys Zeiten gab's mal welche im Park von Alderley, aber die sind schon seit Jahren nicht mehr da.«

Mehr als alles andere aber erregte Susan, wie Colin den alten, geraden Pfad gefunden hatte und auf diesem Weg zur Mothan gelangt war. Und als sie eines Abends vom Holywell heraufkletterten und den Bakenhügel im Sternenlicht über sich sahen, konnte Susan nicht daran vorbeigehen.

Sie waren auf Albanacs Ersuchen in Fundindelve gewesen, um zu erfahren, was Atlendor mit Susans Armband hatte anfangen können. Die Antwort lautete kurz: er hatte nichts tun können, die Macht war nicht sein. Ihr Besuch uferte dann zu einer langwierigen Diskussion darüber aus,

ob Susan mit Atlendor in den Norden ziehen sollte; und das Gespräch hatte sich ständig im Kreis um die Elfen und den Brollachan gedreht, welche beide Albanac hauptsächlich beunruhigten.
»Denn«, sagte er, »ich reise ungern ab, solange der Brollachan frei herumläuft. Er ist fort, doch müssen wir ihn finden, und gegenwärtig haben wir nicht den geringsten Hinweis auf sein Versteck. Die Lios-Alfar müssen aber bald abreiten, und ich bin verpflichtet, mit ihnen zu ziehen. Ich habe da gar keine andere Wahl.«
Die Diskussion war so ermüdend wie ergebnislos gewesen. Nun aber lag die Bake vor ihnen.
»Gehen wir mal rauf«, sagte Susan.
»Na schön«, sagte Colin. »Es gibt da aber nicht viel zu sehen.«
»Weiß ich. Aber ich würde gern den Mond aufgehen sehen – nehme an, den Pfad werden wir nicht zu sehen bekommen, aber ich will einfach mal da sein, damit ich weiß, wie du dich gefühlt hast; falls das nicht albern ist.«
»Halt mal«, sagte Colin. »Was ist mit Bess und Gowther? Es ist schon spät, und es wird noch eine halbe Stunde dauern, würde ich sagen, bis der Mond aufgeht.«
»Die wissen, wo wir sind«, sagte Susan über die Schulter zurück. »Und ich glaube nicht, daß Gowther sich Sorgen machen wird. Komm!«
Colin folgte Susan den kahlen Hang zur Bake hinauf, und oben ließen sie sich auf den Steinblöcken nieder. Er erklärte ihr den Verlauf des Pfades so genau, wie er ihn in Erinnerung hatte. Dann brauchten sie nur noch auf den Mond zu warten, und schon bald fingen die Kinder an, sich zu langweilen und zu frieren.
»Hast du ein Streichholz mit?« fragte Susan.

»Nein, ich glaube nicht.«
»Na, sieh mal nach.«
Colin stülpte seine Hosentaschen um, und ganz unten zwischen Flusenknäueln, Krümeln und Silberpapierkügelchen fand er ein schmieriges Streichholz.
»Meinst du, wir können hier unbesorgt ein Feuer anmachen?« fragte Colin.
»Warum nicht? Bäume gibt's hier keine, und der Sand verhindert, daß es sich ausbreiten kann.«
Die Kinder sammelten Vogelbeerzweige zum Anzünden, und unter den Bäumen am Fuß des Hügels fanden sie eine vor langem umgestürzte Kiefer, ohne Rinde und glatt wie ein Knochen.
»Pack's nicht zu dicht aufeinander«, sagte Susan, »sonst geht's nicht an.«
Vom Zündholz zum Zweig zum Ast wuchs das Licht, bis das Kiefernholz Feuer fing. Die Flammen leckten hoch, und binnen Sekunden toste der ganze Holzstoß. Colin und Susan warfen die gesammelten Zweige in die Flammen, aber je mehr sie aufhäuften, desto schneller brannte das Holz.
»Immer mit der Ruhe«, sagte Colin. »Es wird uns noch außer Kontrolle geraten, wenn wir nicht aufpassen. Viel zuviel Harz in dem Holz.«
Aber Susan ließ sich von der Heftigkeit des Feuers hinreißen. Sie lief zu der Kiefer hinunter und begann an einem dickeren Ast zu ziehen. »He, komm und hilf mir mal, Colin! Damit geht's erst richtig los!«
»Nein!« Colins Stimme war plötzlich gespannt. »Leg nicht noch mehr auf. Da stimmt etwas nicht. Mir ist kalt.«
»Das ist nur der Wind«, sagte Susan. »Oh, beeil dich! Sonst bleibt nichts über!«

Sie wuchtete sich mit ihrem ganzen Gewicht auf den Ast und geriet ins Stolpern, als er vom Stamm abbrach. Dann fing sie an, den Ast den Hügel heraufzuzerren. Colin lief zu ihr und packte sie am Arm. »Sue! Spürst du das denn nicht? Es strahlt überhaupt keine Wärme aus!«
»Wer bringt hier Feuer auf den Hügel am Abend von Gomrath?« sagte eine kalte, dünne Stimme hinter ihnen. Colin und Susan fuhren herum.
Das Feuer hing wie ein scharlachner Schleier zwischen Hügel und Himmel, und darinnen, ein Teil davon, standen drei Männer. Zunächst tanzten die großen Gestalten mit den hageren Gesichtern im Lodern der Kiefernäste verschmolzen, waren so unstet wie irgendein Bild, das man in den Schatten eines Feuers zu erblicken glaubt: doch indem die Kinder schauten, wurden sie körperhafter, löste sich ihre Abhängigkeit von den Flammen, durch die sie starrten. Und dann waren sie wirklich und furchtbar.
Sie waren ganz in Rot gekleidet: rot waren ihre Wämser, und rot ihre Mäntel; rot ihre Augen, und rot ihre langen Haarmähnen, die mit rotgoldenen Spangen zurückgebunden waren; drei rote Schilde trugen sie auf dem Rücken, und drei rote Speere in den Händen; unter sich hatten sie drei rote Pferde, und rot war deren Geschirr. Alles war rot an ihnen, Waffen und Kleidung und Haar, bei den Pferden wie bei den Männern.
»Wer – wer seid ihr?« wisperte Colin. »Was wollt ihr?«
Der mittlere Reiter erhob sich im Sattel und schwang einen glühenden Speer über seinem Kopf.
»Siehe, mein Sohn, erhabene Neuigkeiten! Ruhelos sind die Rosse, die wir reiten, die Rosse des alten Hügels. Ruhelos sind wir, die Reiter von Donn, Einherjar der Herlathing. Siehe, mein Sohn!«

Und er warf seinen Speer hoch in die Luft. Viermal flammte er auf, dann fing er ihn wieder und schwenkte ihn vor sich her. Daraufhin ritten die drei Reiter langsam aus dem Feuer, und die Flammen spritzten von ihnen zu Boden wie rotes Quecksilber. Schwarz ragten sie jetzt vor dem gleißenden Gipfel, doch um die Spitzen ihrer Speere spielten noch immer zottige Lichtbärte.

»Lauf«, sagte Colin zu Susan.

Aber sie hatten kaum den halben Weg bis zu den Bäumen geschafft, als Hufe erdröhnten und Mäntel heranflatterten und Colin und Susan von Armen mit stählernen Sehnen vom Boden emporgerissen und auf die Pferde geworfen wurden, die durch die Nacht davonrasten, als ob ihnen der Weltuntergang im Nacken säße.

*

Als Angharad Goldenhand Susan das silberne Armband gegeben hatte, hatte sie ihr gesagt, daß seine Macht, auch wenn sie um ihr Geheimnis nicht wisse, sie in hoher Not nicht im Stich lassen würde. Und als sie jetzt durch das Hämmern des Blutes in ihrem Kopf und das Donnern der Hufe dicht an ihren Ohren allmählich zur Besinnung kam und das Metall im Licht des aufgehenden Mondes glitzern sah, begann Susan mit dem Arm, der den Silberreif trug, auf Pferd und Reiter einzuschlagen. Dies war freilich wirkungslos. Der Reiter packte ihr Handgelenk und sah das Armband kühl an: dann zog er sie mit einer Hand hoch und setzte sie rittlings vor sich auf das Pferd. Er brauchte nicht zu fürchten, sie zu verlieren, denn sie jagten so schnell dahin, daß Susan sich mit beiden Händen an der Mähne festklammerte und weder an Flucht noch an weitere Schläge dachte.

Sie ritten von der Bake nach Süden, am Windmill-Wald und Bent's Wald vorbei, an Higher House und Jenkins Hey vorbei, drei Kilometer durch die Nacht den langen Rücken der Edge hinab. Dann gelangten sie in eine weite Parklandschaft, und vor ihnen erhob sich ein Hügel, und auf dessen Gipfel stand ein dichtes Kiefernwäldchen.

Die Reiter zogen die Zügel an, und die beiden, die Colin und Susan festhielten, kamen mit dem Anführer auf gleiche Höhe. Plötzlich schwieg die Nacht. Laken und Wimpel aus Nebel lagen in der Luft, und finster ragte daraus der Hügel hervor.

Der Anführer ritt zum Fuß des Hügels, hob seinen Speer und schleuderte ihn in die Bäume empor. Im Flug entzündete er sich an den Flammen, die an den Rändern der Spitze flackerten, dann prallte er vom Stamm der nächsten Kiefer ab und sauste in die rote Hand zurück, die ihn geworfen hatte.

Die Flammen auf dem Schaft erloschen. Dafür loderten jetzt die Bäume. Das Feuer toste hoch auf wie zuvor auf dem Bakenhügel, und wieder strahlte es keine Wärme aus, und es schien auch nicht die Bäume zu verzehren. Die Stimme des Reiters durchschnitt wie ein Schwert die tiefe Kadenz der Flammen.

»Ruhelos sind die Söhne Argatrons! Ruhelos Ulmrig, Ulmor, Ulmbeg! Reitet, Einherjar der Herlathing, Gefolgsleute der Wilden Jagd!«

Eine Brise zerfaserte den Nebel zu tanzenden Bändern, die Flammen erzitterten, und darinnen schien sich etwas zu bewegen und zu rufen. »Wir reiten! Wir reiten!« Und aus dem Feuer kamen drei Männer.

Ihre Mäntel waren weiß, von goldenen Spangen gehalten, und jeder trug eine Peitsche in der Hand. Sie hatten blon-

de, dicht gelockte Haare wie Widder, und ihre Pferde waren weiß wie vom sachten Nordwind auf schwarze Berge hingewehter Neuschnee.
Sobald sie auftauchten, machten die Reiter kehrtum und ritten wieder in die Nacht hinaus. Colin, auf den Nacken des letzten Pferdes gepreßt, nahm flüchtig wahr, wie die Weißmäntel sich hinten anschlossen.
Der Ritt war kurz, kaum achthundert Meter durch Wald und Wiesen zum Fernhill, auf dessen Kamm fünf kahle Kiefern standen. Wieder flog der Speer, wieder loderten die Bäume, wieder ertönte die Stimme.
»Ruhelos der Sohn Dunarths, König des Nordens und des Hügels! Ruhelos ist Fiorn in seinem Berg! Reite, Einherjar der Herlathing!«
»Ich reite! Ich reite!«
Ein einzelner Mann trat aus den Bäumen. Sein Gesicht war finster, mit mächtigen Brauen, der Bart in zwei Strängen geflochten, die Mähne schwarz, furchterregend, majestätisch. Er trug ein Wams aus rauhem Haar, keinen Mantel, und auf seinem Rücken hing ein runder Schild mit fünf goldenen Kreisen und silbrigen Nieten. In seiner Hand trug er einen eisernen Flegel mit sieben dreifach gewundenen, dreischneidigen Ketten mit jeweils sieben Morgensternen daran. Sein Pferd war schwarz und hatte eine goldene Mähne.
Nun ritten der rote und der weiße und der wilde König über Monk's Heath eine Meile weit in die Abgeschiedenheit von Sodger's Hump hinein – Soldier's Hump –, dorthin, wo Kiefern einen Kreis bildeten, in dem in gewissen Winternächten seltsame bleiche Lichter umgehen sollen. Jetzt aber war hier nur ein einziges rotes Licht.
»Ruhelos ist Hirschmann, der Sohn Melimbors! Ruhelos

ist Bagda, der Sohn Tolls! Reitet, Einherjar der Herlathing!«

»Wir reiten! Wir reiten!«

Sie hatten runde Köpfe mit schwarzen Haaren, die hinten und vorne gleich lang waren, und ihre Augen glühten dunkel. Sie trugen lange schwarze Kapuzen und wuchtige schwarze Schwerter mit breiten Rinnen. Ihre Pferde waren schwarz, selbst bis zu den Zungen.

Wald und Tal und Bach flogen vorbei, Felder und Hecken und Wege, Capesthorne und Whisterfield, fünf Kilometer und mehr, Windyharbour, Withington, Welltrough, und dann stand Broad Hill, früher Tunsted geheißen, vor ihnen, und der Speer ließ seine Kiefern rot aufflammen.

»Ruhelos sind die Söhne Ormars! Ruhelos Maedoc, Midhir, Mathramil! Reitet, Einherjar der Herlathing!«

»Wir reiten! Wir reiten!«

Ihre Mäntel waren blau wie der vom Regen gewaschene Himmel, ihre blonden Mähnen lagen breit auf ihren Schultern: sie trugen fünfzackige Wurfspieße und silberne Schilde mit fünfzig goldenen Knöpfen darauf und juwelenbesetzten Buckeln. Die leuchteten in der Nacht wie Sonnenstrahlen. Die Hufe ihrer Pferde waren von glänzendem Messing und ihr Fell glänzte wie goldenes Tuch. Nun war die Wilde Jagd vollzählig. Sie wandten sich nach Alderley und dem Bakenhügel zu, und die Spuren ihrer Pferde blieben vom Ungestüm ihres Ritts noch lange Zeit im Gras und auf den Felsen sichtbar, und hinter ihnen glühte es hell von kleinen Funken.

10

Der Herr der Herlathing

Colin glaubte, er würde sterben. Kühle Wogen überrollten ihn, isolierten ihn von dem sengenden Schmerz in seinem Kopf und seinem Körper, der eine einzige Wunde war. Er vermochte nicht mehr gegen den Schmerz anzuschreien, da seine Nerven und Muskeln völlig durcheinandergerüttelt zu sein schienen; er jappte stumm wie ein Fisch.

Für Susan war der Ritt zur Bake nicht so grausam, aber ihr Geist war von dem Tempo und dem Schrecken ganz benommen, bis endlich das flammende Fanal durch die Bäume leuchtete.

Die Reiter hielten auf die Bake zu, ohne ihre Geschwindigkeit zu mindern, und als sie angekommen waren, schwenkten sie herum, bildeten einen Kreis um den Hügel und brachten ihre Pferde stampfend zum Stehen. Der Anführer ritt langsam auf den Gipfel des Hügels und in das Feuer hinein. Er streckte seinen Speer nach unten und berührte mit seiner Spitze den Boden, und da sah Susan ihren Wunsch in Erfüllung gehen. Aus dem Speer ergoß sich der alte, gerade Pfad wie ein Band geschmolzenen Stahls aus einem Hochofen. Jedoch war er jetzt nicht vom Mond versilbert, wie Colin ihn gesehen hatte, sondern ein rei-

ßender Strom roter Flammenzungen, die durch den Wald und außer Sichtweite schossen.
Der Reiter hob beide Arme und warf seinen Kopf zurück:

Ruhelos ist Er im Hügel der Dämmerung!
Ruhelos ist Er in der Flamme des Goloring!
Aus der Sonnen Hitze und des Mondes Kälte,
Komm, Garanhir! Gorlassar! Herr der Herlathing!

Es war ganz still. Niemand rührte sich. Dann ertönte schwach, von ferne, eine klare Stimme, wie eine Mischung aus Bäumen und Wind, aus Flüssen und Sternenlicht; näher, immer näher, ein wilder Gesang:

Und bin ich nicht der, den man Gorlassar heißt?
Bin ich kein Prinz in Finsternis?
Garanhir, Qual aller Schlachten!
Wo sind meine Schnitter, die vom Kriege singen,
Wo lanzenschleuderndes Beben des Blutbads;
Das Dröhnen der Schilde im Schrei des Schwerts,
Der Biß stahlspitziger Speere ins Fleisch,
Der Durst lechzender Zornpfeile
Und Raben rot vom Kampfgetümmel?

Und weit hinten trat aus den Bäumen die Gestalt eines Mannes hervor. Er kam mit großen Sätzen über den alten, geraden Pfad auf die Bake zugesprungen, und das Licht spielte auf seinen Muskeln in fließenden rotschwarzen Mustern. Ein riesenhafter und kräftiger Mann mit der Anmut eines Tieres; er maß mindestens zwei Meter und lief ohne Anstrengung. Sein Gesicht war lang und hager, die Nase spitz, die Nüstern aufgeworfen; die Augen nacht-

überbraut, hochblickend, dunkel wie Rubine; sein Haar rot gelockt; und aus den Locken wuchs ihm ein Hirschgeweih.
Der Reiter antwortete ihm:

Rasch ist der Huf, und frei der Wind!
Ruhelos sind wir in der Flamme des Goloring!
Von der Sonnen Hitze und des Mondes Kälte,
Heil dir, Garanhir! Gorlassar! Herr der Herlathing!

Darauf ritt er langsam vom Feuer zurück, und als der Läufer an den Kreis kam und mit einem Satz auf den Gipfel des Hügels sprang, gingen alle Pferde in die Knie, und die Reiter hoben schweigend die Arme.
Susan betrachtete ihn und empfand keine Furcht. Ihr Geist konnte ihn nicht akzeptieren, doch etwas Tieferes konnte es. Sie wußte, was die Pferde in die Knie hatte gehen lassen. Dies hier war das Herz alles Wilden. Hier waren Donner, Blitz und Sturm; der träge Takt der Gezeiten und Jahreszeiten, von Geburt und Tod, die Notwendigkeit, zu töten und zu erschaffen. Sein Blick ruhte auf ihr, aber sie konnte sich nicht fürchten.
Allein und reglos stand er in den kalten Flammen, die ihn umflossen und seine Gestalt annahmen, so daß er wie von Blut umgossen war; und aus den Enden seines Geweihs züngelten scharlachne Flammen empor. Er schien das Licht des Feuers anzuziehen; es erlosch, die Flammen sanken nieder, als ob sie durch sein Fleisch herabgezogen würden, während er nicht an Größe, sondern an Kraft zunahm, bis nur noch das Licht des Mondes da war, vor dem er schwarz aufragte.
Dann sprach er. »Lang ist es her, seit Wendenfeuer den

Goloring entzündete. Welche Menschen haben sich an Gomraths Abend erinnert?«
Die zwei Reiter mit den Kindern schritten vor.
Colin fühlte sich von eindringlichen Augen durchbohrt, und eine Heiterkeit, atemberaubend wie Angst, nahm seinem Körper den Schmerz.
»Es ist ein gutes Erwachen, wenn der Mond über dem Berg steht.«
Wie Lachen schwang es in seiner Stimme, und er beugte sich nieder und setzte Colin rittlings auf den Nacken des Pferdes. Dann wandte er sich an Susan und wollte gerade sprechen, als der Reiter Susans Arm anhob und das Amulett von Fohla sehen ließ, das hell um ihr Handgelenk lag. Sein Leuchten war mehr als nur der Widerschein des Silbers, und die darauf eingravierten schwarzen Zeichen zitterten, als ob sie lebendig wären.
Gelassen, kurz und wortlos ging die finstre Majestät vor Susan auf die Knie, nahm ihre Hand und legte sie an seine kühle Stirn. Dann stand er auf und hob Colin und Susan von den Pferden, stellte sie auf dem Gipfel des Hügels ab und wandte sich um.
»Reitet, Einherjar der Herlathing!«
»Wir reiten! Wir reiten!«
Rasen bespritzte die Kinder, für einen Augenblick war die Nacht ein einziges Getöse brausender Dunkelheit, dann waren die Kinder allein.
Sie sanken auf die Steine nieder und sahen sich an. »Das – das war es, was ich auf dem Hof gesehen habe«, sagte Colin. »Und was mich verfolgt hat.«
»Sie haben sich nicht darum gekümmert, was aus uns wird«, sagte Susan fassungslos. »Sie haben sich überhaupt nicht für uns interessiert.«

»Er hat mich bis zum Hof zurück verfolgt.«
»Aber vielleicht ist es auch besser so«, sagte Susan, »ich würde ziemlich schwarzsehen, wenn die meinten, wir wären ihnen im Weg.«
»War das nun prächtig gehandelt?«
Colin und Susan sprangen auf, als diese Stimme auf sie eindrang. Sie spähten in die Richtung, aus der sie gekommen war, und sahen einen Zwerg unter den Bäumen stehen.
»Uthecar!« schrie Colin, und sie rannten den Hügel hinab, um ihn zu begrüßen. »Uthecar?«
»Wer seid Ihr?« fragte Susan.
Der Zwerg sah sie an. »Wie sollen wir all das nur ungeschehen machen?« sagte er.
Er war schwarz gekleidet, und an seiner Taille hing ein Schwert mit goldenem Griff. Haare und Bart waren sauber geschnitten, er hatte eine stolze Haltung und eine feste Stimme, so daß die Autorität seines Gebarens seinen Worten alles Bösartige nahm.
»Es – tut mir leid«, sagte Colin. »Was haben wir denn falsch gemacht? War all das unsere Schuld?«
»Wie denn nicht? Nur Narren sind überhaupt imstande, Feuer auf diesen Hügel zu bringen; aber dies ausgerechnet in dieser Nacht zu tun, und dann auch noch Wendenholz anzuzünden! Was denkt Cadellin sich nur dabei, euch aus seiner Aufsicht zu entlassen? Aber nun kommt, wir müssen sehen, was eure Freunde beginnen werden: vielleicht ist es noch nicht zu spät, sie in die Hügel zurückzubringen.«
»Aber die finden wir nie!« rief Susan. »Die sind davongaloppiert wie der Wind.«
»Ich denke, sie sind nicht weit geritten«, sagte der Zwerg. »Sehen wir nach.«

Er schritt davon, und die Kinder liefen, um mit ihm Schritt zu halten.
»Aber was hat das alles zu bedeuten?« fragte Colin. »Wer war das? Und wer war – er?«
»Die Wilde Jagd. Die Herlathing. Das ist es, was ihr uns auf den Hals geschickt habt. Es war schon genug, den Jäger zu wecken; allein *ihn* zu bannen, hätte schon einiges erfordert. Doch nun, da die Einherjar ihm nachfolgen, werden wir rasch handeln müssen, sonst wird gar mancher bei hellichtem Tag schlafen gehen, und nur die Raben werden's danken! Aber ruhig jetzt: ich glaube, wir haben sie.«
Sie waren auf einem Felsvorsprung über einem Tal angekommen. Der Zwerg kroch an den Rand und sah hinunter. Colin und Susan folgten ihm, aber obwohl sie hörten, daß sich da unten etwas bewegte, konnten sie nichts sehen, da der Felsen hier über den Boden hinausragte. Sie krochen weiter zu einer Stelle, wo der Fels schräg abfiel, und von dort aus hatten sie einen guten Überblick.
Sie waren am Holywell, und somit auch am zweiten Eingang zu Fundindelve. Auf dem Pfad, der an der Quelle vorbeiführte, standen die Einherjar aufgereiht, und an der Quelle, sein Geweih fast auf gleicher Höhe mit den Gesichtern der Kinder, stand Garanhir, der Jäger. Er hielt eine Schale aus irgendeinem hellen Metall vor sich, und ein Reiter nach dem anderen nahm sie in Empfang, trank daraus in tiefen Zügen, hob sie empor, goß sich die letzten Tropfen auf den Kopf unf reichte sie dann weiter.
Für jeden Reiter bückte Garanhir sich nieder und füllte die Schale mit dem Wasser der Quelle, und es schimmerte genauso wie der alte, gerade Pfad bei der Berührung des Speers, und das ganze Moor unten glühte rot.

Der Zwerg schob sich vom Rand des Felsens zurück und winkte den Kindern, ihm zu folgen. Er führte sie um das Tal herum und über den gegenüberliegenden Kamm zu einer Stelle, von der aus sie die Silhouetten der Einherjar vor dem matten Glühen sehen konnten.

»Wir kommen zu spät«, sagte der Zwerg. »Nun, da sie aus der Quelle getrunken haben, muß der Zauberer herbei. Beim Barte des Dagda! Sollen wir hier reden, bis alles, was noch im Schlaf liegt, geweckt ist? Was durchaus geschehen kann, denn wenn die Alte Magie sich erst einmal regt, dann regt sie sich gründlich – auch ohne die Hilfe von Wendenfeuern! Hört zu: seht ihr, wo wir uns jetzt befinden? Hinter diesem Kamm hier ist das Eisentor; wißt ihr, wie man es öffnet?«

»Ja – ich glaube schon«, sagte Susan.

»Dann geh zu Cadellin: sage ihm, daß die Einherjar reiten. Wir werden hier Wache halten.«

»Ist gut.«

Susan verschwand, und wenige Minuten später bebte die Erde unter ihren Füßen, und die Konturen des Kamms färbten sich blau. Colin wandte sich um und sah zum Holywell hinunter. Obwohl das Licht nicht gut war, konnte er erkennen, daß die Reiter sich zusammen im Kreis bewegten, und er hörte das unruhige Stampfen von Pferdehufen.

»Ich glaube, sie ziehen ab«, sagte Colin. »Was sollen wir tun?«

Ein trockenes metallisches Schaben antwortete ihm. Er blickte über die Schulter und sah den Mond bleich auf dem Schwert mit dem goldenen Griff, das jetzt aus der Scheide kam, und bleich in den Augen hinter dem Schwert.

»Wir gehen«, sagte der Zwerg.

Als sie den Stollen betrat, glaubte Susan, Colin rufen zu hören, doch der Lärm des Felsens und das Geratter des Tors übertönten seine Stimme, falls es seine Stimme war, und als die Echos verklungen waren, pochte in ihren Ohren nur noch die Stille. Susan zögerte. Ihre Hand streckte sich nach dem Tor; dann sagte sie sich, wenn jetzt wirklich etwas eingetreten sei, müsse sie Cadellin nur um so schneller aufsuchen, und so wandte sie sich um und lief den Stollen hinunter.
Dies war der längere Zugang zur Höhle des Zauberers: davor lag das ganze Labyrinth von Fundindelve, und bald merkte sie, daß sie den Weg nicht kannte. In den Stollen rollten die Echowellen ihrer Schritte und Atemzüge über sie hinweg, aber so entnervend dies schon war, noch schlimmer war die blau vernebelte Unendlichkeit der Höhlen.
Endlich zwang sie sich dazu, auszuruhen, und während sie zitternd an einer Höhlenwand lehnte, gewann ihre Vernunft die Oberhand über ihre Hast, und von diesem Augenblick an begann sie ihre Augen zu gebrauchen. Aber auch so war eine Stunde vergangen, seit sie Colin verlassen hatte, ehe Susan einen Stollen entdeckte, den sie kannte, und weitere zehn Minuten vergingen, bis sie die Höhle erreicht hatte.
Uthecar und Albanac waren bei dem Zauberer.
»Was ist los, Susan?« fragte Albanac, indem er aufsprang.
»Einherjar!– Einherjar! – Der Jäger!«
»Die Einherjar?« sagte Cadellin. »Woher kennst du –?« Er wirbelte herum und begann den kurzen Tunnel heraufzulaufen, der zum Holywell führte.
»Wartet!« rief Susan. »Sie sind genau davor!«
Der Zauberer nahm keine Notiz von ihr, und hinter ihm

rannte Albanac, einen Schritt vor Uthecar. Als Susan an dem Brunnen angekommen war, standen sie schon alle auf dem Pfad, der Zwerg untersuchte den Boden, und Cadellin sah auf die Ebene hinaus. Das Wasser leuchtete nicht mehr, und die Wälder waren still. Dann aber sprach Uthecar:
»Sie waren hier, und es war so.«
»Und sie haben aus der Quelle getrunken«, sagte Albanac.
»Wir müssen sie finden«, sagte Cadellin, »wenn ich auch bezweifle, daß sie sich in die Hügel zurückzwingen lassen werden. Es steht schlecht.«
»Noch schlechter«, sagte Uthecar. »Ich möchte meinen, heute ist Gomraths Abend – und ich rieche Wendenfeuer.«
»Das kann nicht sein!« rief der Zauberer.
»Ich – ich fürchte, das haben wir getan«, sagte Susan. »Wir haben auf dem Gipfel des Bakenhügels ein Feuer angemacht. Damit hat alles angefangen. Sie sind aus dem Feuer gekommen.«
»Wozu habt ihr denn da ein Feuer angemacht?« fragte Cadellin mit einer Stimme, vor der Susan am liebsten weggelaufen wäre.
»Wir haben auf den Mondaufgang gewartet – und – uns war – kalt.«
Der Zauberer schüttelte den Kopf. »Es ist meine Schuld«, sagte er zu Albanac. »Ich hätte meinen Beschluß besser verteidigen müssen. Kommt: wir verlieren Zeit. Wir müssen ihre Spur finden.«
»Colin wird wissen, in welche Richtung sie gegangen sind«, sagte Susan. »Sie haben auf der anderen Seite des Tals Wache gehalten.«
»Sie?« fragte der Zauberer.

»Ja«, sagte Susan. »Er und der Zwerg: sie sind genau vor dem Eisentor.«
»Was für ein Zwerg?« fragte Uthecar. »Es gibt hier sonst keine.«
»Doch«, sagte Susan. »Er hat schwarze Kleider an und –«
»Bring uns hin«, unterbrach sie Uthecar. »Und vergeude deine Luft nicht.«
Susan fühlte, wie es ihr kalt ums Herz wurde. Sie machte sich auf den Weg und sprach nicht eher, als sie die Stelle erreicht hatte, wo sie Colin verlassen hatte.
»Wo sind sie?« Sie wußte, wie sinnlos diese Frage war. »Was ist passiert?«
»Schwarze Kleider, ja?« sagte Uthecar. »Und sein Schwert hatte einen goldenen Griff?«
»Ja: und sein Gürtel und die Bänder unter seinen Knien waren auch golden.«
»Kennst du ihn?« fragte Cadellin.
»Ihn kennen? Ha! Diese Natter kennen? Ich kenne ihn! Aber was ihn von Bannawg in den Süden geführt hat, kann ich mir nicht denken, außer, daß es nichts Gutes sein kann. Denn ich sage euch dies: und wenn ihr noch sehr suchtet, nie würdet ihr zwischen sämtlichen Meeren einen übleren Zwerg finden als Pelis den Falschen.«

11

Die Palugs

»Ein kluger Kopf ist gegen diese Kinder am Werk«, sagte Cadellin. »Das steht jedenfalls fest.«
Sie waren in die Höhle des Zauberers zurückgegangen und saßen an dem langen Tisch. Atlendor war auch mitgekommen.
»Aber was können wir tun?« fragte Susan.
»Nachdenken und hoffen«, sagte Cadellin.
»Suchen und finden wäre mir lieber«, sagte Uthecar. »Du magst deine Magie einsetzen, Cadellin Silberbraue, doch möchten scharfe Augen und Klingen zweckmäßiger sein. Hier ist Pelis nicht, und ich will sein, wo er ist; denn ich glaube, mein Schwert kann ihm den Tod bringen.«
»Dann gehe«, sagte Cadellin. »In der Nacht aber sieh dich vor.«
Der Zwerg stand vom Tisch auf und wollte gerade den Stollen betreten, als Atlendor das Wort ergriff. »Uthecar Hornhaut, du wirst nicht allein gehen. Ich werde dich begleiten.«
»Wie du wünschst«, sagte Uthecar barsch, dann gingen Zwerg und Elf zusammen aus der Höhle.
»Ihre Schwerter werden ihnen selbst an den Hals fahren«, sagte Cadellin, »wenn die Gefahr sie nicht vereinigt.«

»Susan, ruhe dich jetzt hier aus. Ich muß dich für eine Weile verlassen: aber Albanac wird bei dir bleiben.«

»Aber das kann ich nicht!« sagte Susan. »Ich muß unbedingt Colin finden.«

»Wenn Atlendor und Uthecar ihn nicht finden können«, sagte der Zauberer, »dann wirst du ihn auch nicht finden, und dann bleibt uns nur noch die Zauberei.«

»Ich kann doch nicht hierbleiben und nichts tun!«

»Susan! Außerhalb Fundindelve droht dir Gefahr. Du *mußt* hier bleiben.«

»Aber Bess wird sich fürchterlich aufregen!«

»Es freut mich, daß du an sie denkst«, sagte Cadellin. »Siehst du das Ungemach, das du mit deiner Einmischung in unserer Welt verursachst? Ich muß jetzt mit Bauer Mossock sprechen und ihm sagen, daß du erst nach Hause gehen wirst, wenn diese Angelegenheit bereinigt ist. Ich kann nicht hoffen, daß er sich überzeugen lassen wird, aber du hast mir keine andere Wahl gelassen.«

Und obwohl Susan dagegenstritt, blieb Cadellin unbeugsam, und beide waren wütend, als der Zauberer aus der Höhle ging.

»Ich kann doch nicht tatenlos hierbleiben!« sagte Susan. »Ich muß raus und Colin suchen!«

Albanac fuhr sich mit der Hand übers Gesicht. Er sah erschöpft aus.

»Es gibt für uns jetzt nichts zu tun, Susan. Wir werden unsere ganze Kraft später brauchen, also versuche zu schlafen. Ich bin jedenfalls fertig.«

»Aber ich muß raus hier!«

»Und wie lange ist es her, daß du danach geschmachtet hast, hereinzukommen?« fragte Albanac. »Wenn du nicht schlafen kannst, setz dich her und sprich.«

Susan warf sich auf das Fellager; einige Minuten lang würgte sie an ihrer Enttäuschung, ohne reden zu können. Aber ihr lagen so viele Fragen auf dem Herzen, daß dies nicht andauern konnte.

»Albanac, wer ist der Jäger? Und was haben wir getan?«

»Er gehört zur Alten Magie«, sagte Albanac. »Und wenn Cadellin dem auch nicht zustimmen mag, ich glaube, was ihr getan habt, ist nicht zufällig geschehen. Die Alte Magie ist geweckt worden, sie hat sich in euch geregt, und ich denke, es war sie, die euch zur Bake geführt hat. In der Zeit, bevor die Alte Magie in Schlaf versenkt wurde, war sie am wirksamsten in dieser Nacht, dem Abend von Gomrath, eine der vier Nächte des Jahres, in denen Zeit und Ewigkeit verschmelzen. Und am Goloring, dem heutigen Bakenhügel, wurde das Wendenfeuer entfacht, um die Einherjar, die Gefolgsleute der Wilden Jagd, aus den Hügeln und den Wilden Jäger vom Felsgipfel Shining Tor zu holen. Die Alte Magie ist nämlich Mondzauber und Sonnenzauber, und sie ist auch Blutzauber, und darin liegt die Macht des Jägers und sein Trachten. Er stammt aus grausamen Erdenzeiten. Die Menschen sind anders geworden, seit sie ihn verehrt haben.«

»Du sagst dauernd, die Alte Magie sei aufgeweckt worden«, sagte Susan, »aber wenn sie doch so mächtig ist, wie konnte sie dann jemals untergehen?«

»Dies ist Cadellins Werk«, sagte Albanac. »Den Zauberern und ihrer Hohen Magie der Gedanken und Bannsprüche stand die Alte Magie im Weg, sie war eine formlose, ungeordnete Kraft: daher trachteten sie, diese zu zerstören. Aber sie ließ sich nicht zerstören: nur einschläfern. Und in dieser Zeit des Jahres, die Gomrath heißt und sieben Nächte währt, schläft sie nicht fest.«

»Es ist also gar nichts Schlimmes daran«, sagte Susan. »Es hat bloß im Weg gestanden.«

»Ja. Man kann sogar sagen, die Zauberer hätten ungerechtfertigt gehandelt. Doch andererseits ändert sich die Welt im Lauf der Jahrhunderte; und daher trifft es zu, daß die Alte Magie für die heutige Zeit von Übel ist. Sie paßt nicht zu den gegenwärtigen Maßstäben von Gut und Böse.«

»Aber sie ist doch natürlicher als alle diese Zaubersprüche«, sagte Susan. »Ich finde, ich verstehe sie besser als alles andere hier.«

Albanac sah auf. »Du hast gut reden. Denn dies ist auch weibliche Magie, und je mehr ich davon sehe, desto sicherer bin ich mir, daß auch das Amulett von Fohla dazugehört.«

»Was macht der Jäger? Worauf ist er aus?«

»Was er macht? Er *ist,* Susan: das reicht schon. Hier siehst du den Unterschied zwischen der Alten und der Hohen Magie. Die Hohe Magie wurde aus einem bestimmten Grund geschaffen; die Alte Magie ist ein Teil der Dinge. Sie ist zu keinem besonderen Zweck da.«

Susan konnte die Wahrheit dessen, was Albanac gesagt hatte, spüren, auch wenn sie es nicht verstehen konnte. Sie mußte wieder an Colin denken. Wäre sie doch nur stehengeblieben, als sie ihn hatte rufen hören. Pelis der Falsche.

»Albanac?«

»Mm?«

Sie wälzte sich herum und sah ihn an. Albanac saß da, den Kopf auf die Arme gelegt.

»Nichts; schon gut.«

Susan hörte, wie Albanacs Atemzüge immer tiefer wurden. Er war eingeschlafen.

Und sonst ist niemand hier, dachte sie. Dieser Tunnel führt direkt zum Holywell. Wie war das noch? Emalagra? Lautlos ging sie um den Tisch und setzte sorgfältig jeden Schritt, bis sie bei der Wand hinter der Quelle ankam. Sie legte ihre Hand auf den langen Riß im Fels und sprach das mächtige Wort.

Das Knirschen des Steins hallte durch den Stollen, und sobald die Öffnung weit genug war, ihre Schulter hindurchzulassen, zwängte Susan sich hinaus. Dann rannte sie los.

*

Uthecar und Atlendor saßen im Mondlicht auf der Holzbank am Castle Rock, einem Schichtenkopf, der hoch über der Ebene aus den Bäumen ragte.

»Im Wald ist er nicht«, stellte Uthecar fest. »Und von hier ist die Welt weit.«

»Wenn er nicht im Wald ist«, sagte Atlendor, »meinst du, er könnte darunter sein?«

»Sollte den Lios-Alfar die List etwa bekannt sein?« spöttelte Uthecar. »Denn eben dies sähe Pelis dem Falschen ähnlich! Er weiß, daß wir ihn weithin suchen werden. Wo also kann er sich besser verstecken als da, wo er zum letztenmal gesehen wurde? Es gibt da ein paar Stellen am Saddlebole, gleich hinter dem Eisentor; schnell!«

Sie hasteten durch die Wälder, am Holywell und an der Stelle vorbei, wo Colin und der Zwerg verschwunden waren, am Eisentor vorbei bis zu einer Senke über einem dunklen Buchenhang. Hier gab es im Felsgestein manche Vertiefungen und Höhlen und enge Tunnel. Atlendor zog sein Schwert und näherte sich einem der Tunnel. Der Eingang war so versperrt, daß selbst er sich nur hineinwinden konnte.

»Nein«, sagte Uthecar, »du hast nicht den richtigen Blick dafür! Wenn er dort drin ist, harrt deiner ein kalter Tod.«
»Aber ich habe eine Nase dafür«, sagte Atlendor. »Eine Höhle, in der sich ein Zwerg verbirgt, ist nicht zu verwechseln.«
»Hinein dann«, sagte Uthecar.
Er trat zurück mit wild funkelnden Augen und sah zu, wie der Elf mit der Hüfte voran in die Öffnung glitt.
»Es führt ein Stück in den Berg hinein«, rief Atlendor, »und es ist kein Platz, um ein Schwert zu handhaben. Die Luft ist widerwärtig und ich bezweifle, daß er hier ist.«
Uthecar stieß eine Verwünschung aus und wandte sich wütend ab. Und indem er das tat, sah er ein knurrendes rotes Maul mit Reißzähnen und feurige grüne Augen in einem dicken Kopf mit kleinen, vom flachen Dach des Schädels abstehenden Ohren und weiße, auf ihn gerichtete Klauen durch die Luft auf sich zustürzen. Unwillkürlich riß er die Arme hoch, um sein Gesicht zu schützen, und dann streifte ihn ein Schlag, der ihn herumwirbelte. Er schwankte noch, um sein Gleichgewicht wiederzufinden, da sah er, daß er nicht das unmittelbare Ziel dieser Attacke gewesen war; das pelzige Wesen steckte nämlich schon halb in der Öffnung, durch die Atlendor gegangen war. Keine Zeit mehr, das Schwert zu ziehen. Uthecar machte einen Satz und schaffte es gerade noch, mit beiden Händen den kurzen, buschigen Schwanz zu packen; die Flanken waren schon verschwunden.
Es fühlte sich an, als hielte er eine halb zurückgesprungene Feder von unwiderstehlicher Gewalt. Uthecar stemmte sich mit den Beinen zu beiden Seiten des Lochs ab und zog. Wütend traten die Hinterfüße nach ihm, aber er konnte ihnen ausweichen, und indem er sich hin und her

schwang, gelang es ihm, sie daran zu hindern, Boden gutzumachen. Dadurch gestaltete sich der Kampf einigermaßen ausgeglichen, aber er wußte, daß er das nicht lange durchhalten konnte. Und Atlendors gedämpftes, aber bedrohliches Rufen half ihm auch nicht. Er bekam offenbar nicht mit, was sich da abspielte.

»Hornhaut, du Einäugiger! Wer versperrt das Loch?«

»Falls das Hinterteil – abreißen – sollte«, brüllte Uthecar, »wird deine Kehle – es schon merken!«

Uthecar hatte ein Gefühl in den Schultern, als würden sie ihm aus dem Rücken gerissen, und der feste Zugriff seiner Hände erlahmte. Atlendor hatte nicht geantwortet.

Dann gab der Körper unter ihm nach, wurde ganz kraftlos, und ehe er sich darauf einstellen konnte, war jeglicher Widerstand weg, und er stürzte rückwärts und zog eine ungeheure Last auf sich nach.

Uthecar rappelte sich auf und betrachtete die Leiche zu seinen Füßen. Es war eine Wildkatze, über einen Meter lang, und ihr war die Kehle aufgeschlitzt. Atlendor stand neben dem Tunneleingang und wischte sein Schwert an einer Handvoll Gras sauber.

»Eine Palug«, sagte Uthecar. »Ich denke, es ist zuviel von jenseits von Bannawg in diese Wälder gekommen.«

*

Jedesmal, wenn Colin stolperte, stieß ihn das Schwert in die Rippen. Das von dem Zwerg geforderte Tempo war nachts und auf solchem Boden nicht leicht zu halten. Und der Zwerg gestattete ihm auch nicht zu reden; sobald Colin auch nur den Mund aufmachte, bekam er einen zusätzlichen Stoß zur Antwort.

Als sie auf Stormy Point anlangten, blieb der Zwerg stehen

und stieß einen leisen Pfiff aus. Dem antwortete eine Stimme über die Felsen her, bei deren Klang Colin eine Gänsehaut überlief; denn sie war kalt und sehr tief, und es war nicht auszumachen, ob sie von einem Tier stammte oder nicht. Dann bewegte sich am Rand des Waldes etwas und begann auf Colin und den Zwerg zuzukommen. Es war eine Wildkatze, und hinter ihr tauchten weitere auf. Immer noch mehr lösten sich aus den Bäumen, bis der ganze Boden so gedrängt voll von ihnen war, daß er wie von einem wogenden Haarmantel bedeckt schien.
Die Katzen umkreisten Colin, starrten ihn an. Er war von bleichen grün-leuchtenden Punkten umzingelt. Der Zwerg steckte sein Schwert in die Scheide. Etliche der Katzen umstellten Colin wie eine Eskorte: sie drängten sich dicht heran, ohne ihn aber zu berühren. Die übrigen ließen von ihm ab und verschwanden weitgefächert im Wald, um eine Verfolgung unmöglich zu machen.
Von Stormy Point lief Colin weiter, bis sie aus dem Wald heraus waren. Er hatte keine andere Wahl: das heißt, die hatte er schon, aber das Zischen, das bedrohlich hinter ihm anschwoll, und die Augen, die ihn anglühten, sobald er einmal langsamer lief, ließen ihn sich rasch entscheiden. Doch nachdem sie in freies Gelände gekommen waren, bequemte sich der Zwerg zu einer langsameren Gangart, und der leichte Trott der Wildkatzen wurde zu einem glatt dahingleitenden Teppich.
Die ganze Nacht hindurch wanderten sie unter dem abnehmenden Mond nach Osten. Sie passierten Adders' Moss, Withenlee und Harehill, kamen nach Tytherington und dann in die Berge über Swanscoe, immer weiter auf und ab über die Bergkämme, die wie Meereswogen vor ihnen aufwuchsen: an Kerridge und Lamaload vorbei, Nab

End und Oldgate Nick, und das Hoo-Maar über dem Tal des Flüßchens Goyt hinunter: Kilometer um Kilometer mörderischen Bodens, aller Bäume bar und nur von Sandsteinwällen unterbrochen. Und dann kamen sie, ganz unten am Grund des Moors, an einen kleinen runden Hügel, der von Rhododendronsträuchern überwuchert war; um diesen Hügel lief ein gewundener Pfad.

Sie folgten dem Pfad in das Rhododendrondickicht; tief unten zu ihrer Rechten rauschte ein Bach. Über dem Pfad befand sich etwas, das wie die Überreste von Terrassen aussah, überwuchert, vergessen. Colin, dessen stürmische Angst längst von seiner Erschöpfung erstickt war, wurde es immer unbehaglicher zumute: in diesem üppigen Garten in den Bergen war etwas, das nicht gut war.

Der Weg teilte sich, und die Katzen trieben Colin in die linke Abzweigung. Ein paar Meter ging's geradeaus, dann machte der Weg eine scharfe Kurve, und als Colin da herumbog, blieb er, trotz der Katzen, stehen.

Vor ihm, auf einem terrassenförmig angelegten Rasen, stand ein großes, häßliches, wuchtiges, aus Steinen erbautes Haus. Es wurde fahl vom Mond beschienen, doch sah auch das Licht, das aus den Fenstern mit den Rundbögen und der offenen Türe fiel, wie Mondlicht aus.

»Wir sind zu Hause«, sagte der Zwerg. Es war das erste Mal seit mehreren Stunden, daß er etwas gesagt hatte.

Die Katzen rückten vor, und in diesem Augenblick glitt eine Wolke über den Mond. »Bleib!« schrie der Zwerg. Aber Colin war plötzlich von selbst stehengeblieben. Denn als der Mond verschwand, wurde auch das Licht in dem Haus schwächer. Das Haus lag jetzt kaum sichtbar am Hang, was aber noch davon zu sehen war, ließ Colin gebannt dorthin starren. Die Dunkelheit konnte ihn getäuscht haben, aber irgendwie hatte das Gebäude seine Form verloren, war eingesunken. Hinter einem der Fenster – das war doch der Himmel: er konnte einen Stern dort sehen. Dann verzog sich die Wolke, und der Mond schien wieder auf das Haus, und die Fenster warfen Licht auf den Rasen.

Der Zwerg zog sein Schwert. »Jetzt lauf«, sagte er und stieß Colin auf das Haus zu. Die Katzen drängten vorwärts und schwemmten ihn mit sich durch die Tür.

Colin fand sich in einer Eingangshalle, kalt im schattenlosen Licht. Vor ihm befand sich eine breite Steintreppe, und von oben ertönte eine rauhe Stimme.

»Willkommen. Unsere Zähne sind stumpf geworden über der Suche nach *deinem* Fleisch!«

Colin erkannte die Stimme. Er brauchte gar nicht hinzusehen, um sich davon zu überzeugen, daß die Frau, die jetzt die Treppe herunterkam, die Morrigan war.

Sie war von klotziger Gestalt; ihr dicker Kopf saß auf den Schultern, und ihr Mund war breit und so grausam wie ihre Augen. Sie trug eine von einer scharlachroten Schnur zusammengehaltene Robe von so tiefem Blau, daß es wie schwarz aussah. Die Katzen machten ihr Platz und bukkelten hinter ihr her, als sie sich auf Colin zubewegte.

»Nein. Wir stehen so tief in deiner Schuld, daß nichts von dir den Ort, an den du gekommen bist, verlassen wird, bis auf das, was die Vögel in ihren Klauen wegtragen werden.«

Sie streckte eine Hand aus, um eine der Katzen zu streicheln, und da sah Colin, daß sie ein Armband trug. Von der Form her war es identisch mit dem von Susan, nur die Farben waren umgekehrt: die Buchstaben waren bleich silbern, und das Armband selbst war schwarz.

12

Redesmere

Uthecar und Atlendor saßen in der Höhle des Zauberers und reinigten ihre Wunden. »Ich werde jedenfalls diese Nacht nicht noch einmal hinausgehen«, sagte der Zwerg. »Wenn Susan durch das Tor gegangen ist, werden wir nichts mehr von ihr finden, was der Mühe wert wäre – *wenn* wir etwas finden. In jedem Baum sitzt eine Palug! Schockweise müßten wir die umbringen, um uns vom Saddlebole zum Tor durchzuschlagen.«
Er und auch der Elf waren von tiefen Wunden zerschunden, und ihre Kleider hingen in Fetzen.
»Sie hat das Amulett: das könnte sie retten«, sagte Albanac. »Ich muß gehen und sie suchen.«
»Aber *du* hast das Amulett nicht«, sagte Uthecar. »Wenn Susan bis jetzt überlebt hat, dann hat sie unsere Hilfe wahrhaftig nicht nötig. Wenn du sie schon suchen willst, dann warte, bis es hell ist. Ziehst du jetzt los, dann werden sich dir Palugzähne in den Hals graben.«

*

Das Geräusch des sich öffnenden Felsens hatte Susan die Nerven verlieren lassen. Sie dachte, Albanac sei ihr dicht auf den Fersen, und ohne die geringste Vorstellung, wo sie

Colin suchen sollte, rannte sie blindlings los, nicht auf den Weg oder die Strecke achtend. Irgendwo im Wald blieb sie stehen, um Luft zu holen. Die ganze Zeit hatte ihr die Panik im Nacken gesessen, mit jedem Schritt schien sie einer zugreifenden Hand nur um Haaresbreite voraus zu sein. Nun stand sie da, und die Luft um sie her beruhigte sich und stellte die Verfolgung ein: sie hörte geradezu, wie sie raschelnd um sie her zum Stillstand kam. Aber das war keine Einbildung: irgendeine Bewegung war tatsächlich abrupt abgebrochen, und nun spürte Susan, wie die Nacht sich auf einen einzigen Punkt niedersenkte, und dieser Punkt war sie selbst.
Sie versuchte zu überlegen, was aber sinnlos war, da alles Überlegen ihr nur sagen konnte, daß sie keine Chance hatte, Colin zu finden. Und die Konzentration in der Luft schwirrte wie gezupfte Saiten. Susan starrte so angestrengt in die Runde, daß die Finsternis sich mit Lichtern zu sprenkeln schien – mit fahlen grünen Flecken. Und dann bemerkte sie, daß diese Lichter nicht in Regenbogenmustern verschwammen, wie es oft vorkommt, wenn man die Augen im Dunkeln anstrengt; sie wechselten überhaupt nicht die Farbe, und sie waren alle dicht über dem Boden, reglos, *in Paaren* angeordnet. Es waren Augen. Sie war ringsumher von grünen, starren, grausamen Augen umgeben – und jedes einzelne war auf sie gerichtet.
Die Katzen drängten näher. Susan konnte sie jetzt als Einzelwesen sehen: es waren zwei oder drei Dutzend, und sie gingen steifbeinig und gesträubt. Susan konnte sich vor Angst nicht bewegen, selbst als sie noch näher kamen, bis eine der Katzen fauchte und mit ihren Klauen nach ihr schlug. Ehe sie noch merken konnte, daß der Schlag sie nicht treffen würde, sprang Susan in die entgegengesetzte

Richtung, und hier rückten die Katzen auseinander und ließen ihr einen grünen Durchgang frei; ihre Absicht war klar. Sie fand heraus, daß sie sich frei bewegen konnte, wohin sie sie gehen lassen wollten, sobald sie aber von diesem Weg abwich oder stehenbleiben wollte, zogen sie ihre Klauen blank.

Sie wußte, daß diese Katzen, welche Gefahr auch immer Colin in Schrecken versetzt hatte, ein Teil davon waren: ihre Bewegungen waren viel zu intelligent, als daß sie ganz normale Katzen sein konnten, und das war noch das am wenigsten Seltsame an ihnen.

Und so wurde Susan eine Zeitlang, genau wie es vorher mit Colin geschehen war, durch den Wald getrieben. Die Katzen rührten sie nicht an, gingen aber dicht bei ihr und zwangen sie zu laufen: und diese Hast verriet Susan, womit sie sich gegen sie zur Wehr setzen konnte.

Sie war in dem fahlen trüben Mondlicht fast bei jedem Schritt gestolpert, doch als sie einmal besonders heftig den Fuß vertrat, verlor sie das Gleichgewicht und stürzte seitwärts hin. Sie stieß eine Hand vor, um ihren Sturz aufzufangen – und die Katzen schreckten von der Hand weg wie vor einem glühenden Stück Kohle. Susan kauerte auf den Knien und sah den Kreis der Katzen an: sie brauchte einige Zeit, um diese Neuigkeit bewußt aufzunehmen: sie streckte ihre Hand vor, und sie sprangen fauchend zurück. Sie fürchteten sich vor dem Amulett. Sie stand auf, nahm das Armband vom Handgelenk und packte es so, daß es einen Reif um ihre Knöchel bildete; dann schritt sie vorwärts und schwenkte ihre Hand mit dem Armband in langsamem Bogen vor sich her. Die Katzen machten Platz, obzwar sie zischten und ihre Köpfe hin und her wiegten und haßerfüllt mit den Augen funkelten.

Susan hatte keine Ahnung, wo sie war, doch schien es ihr am günstigsten, den Weg, den sie gekommen war, zurückzugehen. Also wandte sie sich langsam um und ging los; und die Katzen ließen sie vorbei, wenn sie sie auch so eng flankierten wie vorhin. Der Unterschied war jetzt nur, daß nun Susan die Richtung angab.

Allerdings mußte sie jetzt um jeden Schritt kämpfen, da die Katzen keinen Zentimeter freiwillig nachgaben, und wenn Susan die Kraft hätte aufbringen können, geistig all dem zu widerstehen, was sich um sie herum zusammengezogen hatte, wäre sie zweifellos imstande gewesen, Fundindelve unversehrt zu erreichen. Aber obgleich der physische Zwang von ihr gewichen war, fraß sich das Böse in ihren Willen: sie hatte große Angst, sie war allein. Das erste Triumphgefühl war schnell verflogen. Cadellin kam ihr jetzt viel weniger unvernünftig vor, als sie vor kurzem noch gedacht hatte.

Susan hielt vielleicht eine halbe Stunde lang durch, und in dieser Zeit hatte sie kaum einen Kilometer geschafft – das war weder lange noch weit, aber es war so viel wie sie ertragen konnte. Die Anspannung war zu stark. Das Amulett vor sich ausgestreckt, hastete sie voran, ohne ein anderes Ziel, als erst einmal dem Druck dieser Augen zu entfliehen. Und dies gelang ihr natürlich nicht. Die Katzen sprangen hinter ihr her, sie umkreisten sie nicht mehr, sondern strömten mit ihr dahin, drängten sie geradezu, irgendwohin, das spielte keine Rolle, Hauptsache, es ging immer schneller und schneller blindlings durch den Wald, sie warteten auf ihre Chance, und die kam.

Susan rannte so ungestüm, daß sie nur mit Glück auf den Beinen blieb, doch auch das konnte ihr nicht weiterhelfen, als sie auf den höchsten Punkt einer Anhöhe kam und der

Boden unter ihren Füßen endete. Sie fiel kaum tiefer als ihre eigene Größe, aber sie stürzte ungeschickt und landete mit ihrem ganzen Schwung kopfüber auf einem breiten Weg. Das Amulett flog ihr aus der Hand und kullerte über den Sand auf die andere Seite des Wegs.
Susan krabbelte hinterher, aber sie kam zu spät. Hinter dem Weg fiel der Berg als felsige Geröllhalde steil ab auf die Ebene, und das Armband rollte bereits mit zunehmender Geschwindigkeit den Abhang hinunter. Susan sah über ihre Schulter und verlor keine Sekunde. Die Katzen waren noch drei Meter weit weg, und sie strahlten etwas aus, das ihr sagte, daß sie ihr ursprüngliches Vorhaben vergessen hatten und nur noch auf Rache sannen. Sie sprang über das Geröll ihrem Armband nach und war so sehr darauf fixiert, daß sie gar nicht auf die Neigung des Abhangs achtete: und nach wenigen Schritten begann ihr Gewicht mit ihr davonzulaufen. Ihre Beine machten immer größere Schritte, einer länger als der andere, und ihre Füße schwangen wie schwere Pendel. Sie versuchte, sich nach hinten zu beugen, aber sie hatte ihre Körperbeherrschung völlig verloren. Und das Amulett von Fohla schoß von ihr weg, viel schneller als sie selbst, tanzte über die Steine und wurde immer noch schneller: dann stieß es an einen Felsbrocken, sprang in die Luft, und blieb im Zenit des Sprunges hängen, kreiselte, fiel aber nicht herunter.
Zuerst war das Armband ein reiner Silberreif, der den Mond widerspiegelte, dann aber begann es sich wie ein Feuerrad sprühend zu verdichten. Das Feuer wuchs an, und jetzt war da kein Armband mehr, sondern eine leuchtende Scheibe mit einem runden schwarzen Zentrum, dem Raum, den das Armband umschlossen hatte; und die Scheibe wuchs, bis sie Susans ganzen Gesichtskreis aus-

füllte, und als die Nacht ganz verdrängt war, schien sich das Feuer um sie zusammenzuziehen, während die schwarze Mitte zurückwich, auch wenn sie nicht an Größe abnahm, so daß anstelle der Scheibe jetzt ein wirbelnder Tunnel vor ihr lag, in den Susan hilflos hineingesogen wurde.

Der Boden verschwand unter ihren Füßen, und sie rannte immer noch außer Kontrolle weiter, obwohl ihre Beine keine wuchtig schwingenden Pendel mehr waren. Der Tunnel drehte sich um sie herum, so daß sie ebensooft das Gefühl hatte, auf der Decke oder den Wänden wie auf dem Boden zu laufen. Sie lief ohne Zeitbegriff, doch nahm die schwarze Kreisfläche vor ihr, die in der Perspektive das Ende des Tunnels zu bezeichnen schien, allmählich an Größe zu, und in der gleichmäßigen Schwärze erschienen graue Flecken. Dieser Kontrast steigerte sich mit dem Größerwerden des Kreises, langsam tauchten Farben auf, und Susan sah Bäume und Wasser und das Licht der Sonne. Dann überwuchs der Kreis das Feuer, und bald lag ein vollständiges Bild vor ihr, von silbernem Nebel umrahmt, der sich wie Dunst in der Dämmerung verflüchtigte; und Susan lief aus dem Tunnel und auf Gras. Atemlos hielt sie an und blickte sich um.

Sie erkannte sofort, wo sie war: sie stand auf einer dicht bewaldeten Insel mitten im Redesmere, einem Teich sechs Kilometer südlich von Alderley. Aber jetzt war es Tag, und die Wärme der Luft, das helle Glitzern auf dem Wasser, der Gesang der Vögel und das Grün der Bäume am Ufer des Sees zeigten an, daß es Sommer war.

Etwas beinahe ebenso Seltsames hatte sie schon einmal auf diese Insel geführt, und damals hatte man ihr zum erstenmal das Armband angelegt. Es wurde ihr leichter ums

Herz, als sie sich nach derjenigen umsah, die sie hier finden würde – Angharad Goldenhand, die Herrin des Sees. Und da stand Angharad zwischen den Bäumen, groß und schlank, in lange Gewänder gekleidet; ihr Haar glänzte golden, ihre Haut war weiß wie frisch gefallener Schnee, ihre Wangen glatt und ebenmäßig und rot wie Fingerhut: und in der Hand hielt sie Susans Armband.

13

Die Bodachs

Angharad lächelte. »Es ist an der Zeit, daß du mehr über deine Rolle in diesem Geschehen erfährst«, sagte sie, indem sie Susan das Armband ums Handgelenk legte. »Folge mir.«

Sie nahm Susan an der Hand, und sie gingen durch die Bäume zu einer Lichtung, wo sie sich niederließen. Susan spürte, wie die Last der Einsamkeit von ihr glitt, als Angharad sprach, denn Angharad wußte über alles Bescheid, was geschehen war; Susan brauchte nichts zu erklären.

»Wenig von all dem ist Zufall«, sagte sie, »ob im Guten oder im Bösen, und auf deinen Schultern wird wohl alles liegen.«

»Auf meinen?« rief Susan. »Warum gerade ich?«

»Zunächst einmal: Gefahr droht dir einzig von der Morrigan.«

»Von der Morrigan?«

»Ja: sie ist hier, und ihr Herz ist von Rachsucht erfüllt. Es wird noch lange dauern, bis sie ihre alte Macht wiedererlangt hat, doch stellt sie auch jetzt eine Bedrohung dar für die Welt, und ihr ganzes Trachten richtet sich gegen dich. Gegenwärtig hält sie Colin gefangen, sie wird ihn dazu benutzen, dich zu vernichten; wenn sie kann. Denn das

Amulett von Fohla bietet Schutz vor ihr, wenn auch nicht unbedingt jederzeit.«

»Aber warum gerade *ich*? Wer bin ich denn schon?« sagte Susan. »Ich habe von der Magie überhaupt keine Ahnung. Warum könnt ihr, du oder Cadellin, nicht mit ihr fertig werden?«

»Mit dem Amulett hast du gleichzeitig eine Bestimmung übernommen«, sagte Angharad. »Eben dies hat Cadellin gefürchtet. Und jetzt können wir nur durch dich ganz sicher wirken. Denn wisse, dies ist Mondzauber, und einen Teil davon tragen wir.« Sie hob ihren Arm, und Susan erblickte ein weißes Armband daran. »Unsere Macht nimmt zu und ab: die meine ist die des Vollmondes, die der Morrigan ist die des abnehmenden Mondes. Und da der Mond zur Zeit abnimmt, ist sie stark.«

»Und wie passe ich da rein?« fragte Susan.

»Du bist jung, und dein Armband ist das des zunehmenden Mondes. Dann, zur Zeit des zunehmenden Mondes, kannst du mehr sein als die Morrigan, wenn du den Mut dazu hast. Solange der Mond aber abnimmt, kann ich dich nur auf den Weg bringen und helfen, dich gegen die Morrigan zu schützen; mehr nicht. Was wirst du tun? Wirst du uns helfen?«

»Natürlich. Im Grunde habe ich doch gar keine andere Wahl, oder?« sagte Susan. »Egal was passiert, *sie* wird mich immer weiter verfolgen und Colin wird keine Chance haben.«

»So ist es«, sagte Angharad. »Die Rachsucht war mächtig in ihr, doch spätestens jetzt weiß sie, daß du das Amulett trägst. Vor dem Neumond fürchtet sie sich immer, und diesmal ganz besonders, denn es wird der Mond von Gomrath sein. Während dieser Zeit des Mondes von

Gomrath war unsere Magie früher die stärkste in der ganzen Welt, was sie auch wieder werden könnte. Die Morrigan wird versuchen, dich zu vernichten, ehe du in den Besitz der Macht gelangst. Du mußt sie jetzt mit Krieg überziehen und sie hinhalten. Wenn dir das gelingt, könnte es sein, daß sie uns nie mehr gefährlich werden kann. Gelingt es dir nicht, könnte ihre Macht ins Grenzenlose wachsen. Und nun nimm dies.« Angharad gab Susan einen Ledergürtel. Daran hing ein kleines, gebogenes Horn, weiß wie Elfenbein, und das Mundstück und die Stürze waren aus ziseliertem Gold.
»In ihrer Tücke wird sie andere Mächte beschwören, und du wirst nicht viel zur Seite haben. So nimm dieses Horn: es ist der drittbeste Preis, der je errungen wurde, und heißt Anghalac. Moriath vermachte ihn Finn, und Finn Camba, und Camba mir. Laß es nur ertönen, wenn es gar nicht mehr anders geht, und nur dann. Denn ist Anghalac erst einmal erklungen, dann kann es sein, daß du nie mehr Frieden finden wirst, weder im Sonnenkreis noch in der Verfinsterung der Welt.
Denke daran: nur – wenn – es – gar – nicht – anders – geht –«
»Das – werde ich – « sagte Susan.
Der Zauber hörte auf. Die Insel glitt von ihr weg ins Nichtwahrnehmbare. Angharads letzte Worte kamen schon aus der Ferne und hallten in ihrem Kopf: sie konnte nicht wach bleiben: ihr Geist versank in dunkle Räume weit jenseits von Träumen ...
Susan hörte dem Wasser lange Zeit zu, ehe sie die Augen aufschlug. Sein Rauschen ließ sie sanft erwachen, dann drehte sie sich auf den Rücken und sah zu den Sternen empor. Sie lag an einem Flußufer in einem Tal zwischen ho-

hen kahlen Bergen. Nahebei aber war ein gepflasterter Torweg, und dahinter führte eine Einfahrt in eine Talmulde voller Bäume.

Am Wasser lief ein Weg entlang, doch Susan zog es in die Talmulde. Der Weg, das Tal und der Himmel waren leblos, das Tor aber war merkwürdig, ganz davon abgesehen, daß es überhaupt da war. Sie untersuchte es eingehend: es war aus Eisen, mit Kette und Vorhängeschloß; und alles war von Rost ganz rauh.

Susan kletterte über das Tor und begann die Einfahrt hochzugehen. Zu ihrer Linken strebte ein Bach dem Fluß zu, und nach wenigen Metern drängten sich Rhododendronsträucher heran. Der Weg war gerade und mußte einmal ziemlich breit gewesen sein, doch waren die Rhododendronsträucher vernachlässigt und wucherten wild. So war die Einfahrt jetzt nur noch ein schmaler Sandstreifen, der matt im gelben Licht des schiefhängenden Mondes vor ihr lag.

Hinter den Büschen gluckste der Bach – dies war das einzige Geräusch, und es nahm zu, als der Pfad sich über den Graben erhob, den das Wasser in den Fels geschnitten hatte; das ganze Tal wurde von Rhododendronhecken erdrückt. Sie hingen massig, wie eine Bedrohung, über Susan: sie spürte, daß all diese Millionen von Blättern – ein jedes scharf, ledrig, atmend, lebendig – einen einzigen Körper aus grünen Zellen bildeten, daß sie zusammen ein Bewußtsein besaßen, das dem eines Tieres glich. Sie mochte sich dies bloß eingebildet haben, aber es wirkte so, daß alle ihre Sinne sich schärften und sie sich behutsam wie ein wildes Tier vorwärtsbewegte, fast unbewußt Zweigen und lockeren Steinen auswich – und nie kamen ihr Zweifel, daß Colin in der Nähe sein mußte.

Steinbrücken mit bröckligen Geländern führten an zwei Stellen über den Bach. Bis zur zweiten Brücke waren es vom Tor aus fast achthundert Meter, und inzwischen waren Susans Sinne außerordentlich scharf geworden. Ihre Augen nutzten jedes Fleckchen Licht, und nichts auf dem Pfad und von dem, was ihn umgab, blieb ihr verborgen, soweit die Rhododendronhecken es zuließen. Hinter der zweiten Brücke gabelte sich das Tal. In dieser Gabelung erhob sich ein buschbedeckter Hügel, an dessen beiden Seiten der Bach und ein Nebenflüßchen flossen, die sich dann bei der Brücke vereinigten. Der Pfad führte in den linken Arm des Tals, und nahe bei der Brücke, im Schatten der Rhododendronsträucher, stand reglos etwas, das wie ein Mann aussah.

Er trug einen Speer und einen kleinen runden Schild. Das Licht spielte um sein Haupt, streifte Brust und Schultern, während der Rest des Körpers im Schatten lag: und er stand so still, daß Susan unschlüssig war, ob sie ihn nicht für eine etwas wunderliche Statue halten sollte.

Susan beobachtete ihn – oder es – mehrere Minuten lang, ohne daß sich dort irgend etwas Lebendiges regte, was ihr die Entscheidung hätte erleichtern können. Umkehren kam gar nicht in Frage. Sie wußte, daß sie um jeden Preis weitergehen mußte, und daß sie ein zu großes Risiko liefe, wenn sie sich an der Gestalt bei der Brücke vorbeiwagen würde.

Der Versuch, sich einen Weg durch das Buschwerk zu bahnen, war aussichtslos. Die einzige andere Möglichkeit war der Bach, der an dieser Stelle nicht sehr tief neben dem Weg hinfloß. Susan schlich zurück, bis sie von der Brücke aus nicht mehr zu sehen war, dann ließ sie sich über die Böschung ins Wasser hinunter.

Der Bach war ziemlich seicht, aber sehr steinig, und hin und wieder gab es Löcher, in die Susan bis zur Hüfte einsank. Sie kam nicht lautlos voran, doch verschluckte das Rauschen des Wassers auf den Felsbrocken jedes Geräusch, das Susan machte; sie hielt sich nahe am Ufer, wo alles in dichtem Schatten lag. Am schlimmsten war die Brücke: sie war niedrig, es stank nach Morast, und Susan stieß gegen Dinge, die sich im Dunkeln von ihr fortbewegten.

Nachdem sie die Brücke hinter sich hatte, stellte sie fest, daß die Ufer höher und steiler wurden, doch ging sie noch etwa hundert Meter weiter, ehe sie es wagte, aus dem Wasser zu steigen. Das Ufer fiel hier nahezu senkrecht ab und bestand aus feuchtem Moder und Erde. Acht- oder neunmal krallte sie sich fast bis auf Armeslänge an die Wegbefestigung heran, nur um jedesmal im Gefolge eines Erdrutsches wieder zurückzufallen. Endlich aber kam sie mit den Schultern auf den Pfad, und es gelang ihr, sich hochzustemmen.

Die Einfahrt hatte jetzt wieder ihre ursprüngliche Breite, und ein paar Meter weiter bog nach rechts ein Seitenweg ab. Susan hielt an und überlegte, ob sie weiter bergauf gehen sollte, beschloß dann aber, die Abzweigung wenigstens bis zur ersten Kurve zu untersuchen.

Sie schlich so leise wie zuvor, doch so sehr sie auch auf der Hut war, sie konnte das Stöhnen nicht unterdrücken, das sich ihr entrang, als sie sah, was sich hinter der Kurve befand.

Der Pfad säumte einen terrassierten Rasen, zu dem Treppen hinaufführten, und auf diesem Rasen stand ein steinernes Gebäude, erbaut im wuchtigen italienischen Stil des vorigen Jahrhunderts. Sämtliche Fenster glühten in einem Licht, das kräftiger war als das des Mondes, jedoch von derselben Art, und leblos.

Susan wußte, dies war es, was sie finden sollte. Dies war das Herz des Bösen. Hier war die Morrigan – und hier war auch Colin. Susan ging auf das Haus zu, dann blieb sie stehen. Nein, dachte sie. Ich weiß nicht, wo ich suchen, noch was ich tun soll. Am Ende wird sie uns beide haben. Ich muß Cadellin Bescheid sagen, daß sie hier ist: er wird mit ihr fertig werden können.

Über der Eingangstür des Hauses ragte ein klotziger Turm, und wie zur Bestätigung von Susans Überlegungen erschien in einem der Bogenfenster dieses Turms eine Gestalt. Es war die Morrigan. Sie starrte auf den Rasen hinunter, und obwohl Susan im Schatten stand, hatte sie das Gefühl, als ob ein starkes Licht auf sie fiele, und sie mußte ihre ganze Beherrschung aufbringen, um still stehenzubleiben, während die Morrigan in die Nacht hinausspähte. Als sie vom Fenster zurücktrat, schlich Susan zu der Einfahrt zurück.

Das Haus hatte sie erschreckt. Warum gerade ich? dachte sie. Warum konnte Angharad nicht Cadellin Bescheid sagen? Sie muß das doch gewußt haben. »Auf deinen Schultern wird wohl alles liegen«, hat sie gesagt. Hm, sie hätte mir mehr darüber berichten können. *Ich* kenne mich mit Magie überhaupt nicht aus, und die, die sich auskennen, fürchten sich vor der Morrigan. Ich kann da drin allein nicht viel ausrichten. Ich muß Cadellin finden.

Susan war wieder an der Weggabelung angekommen. Sie konnte sich nach links, das Tal hinunter, oder nach rechts weiter bergauf wenden. Mit der Brücke wollte sie es nicht noch einmal aufnehmen, denn jetzt war sie sicher, daß, was auch immer dort Wache hielt, keine Dekorationsfigur war. Aber wo war sie denn eigentlich? Und in welcher Richtung lag Alderley? Sie orientierte sich am Sternbild des Großen Wagens: der Weg bergauf ging fast genau nach Westen. Das wäre die richtige Richtung, wenn ich im Penninischen Gebirge wäre, dachte sie, aber ziemlich verkehrt, wenn das hier Wales sein sollte. Aber wenn das hier Wales *ist*, dann bin ich über sechzig Kilometer von Alderley weg: also sollte das hier besser das Penninische Gebirge sein. Sie machte sich an den Aufstieg.

Der Weg ging weiter wie zuvor, wenn auch nicht lange. Dann hörte das Rhododendrongestrüpp auf, und vor Susan lag ein hohler Durchgang in einer steinernen Mauer. Dahinter fiel offenes Gelände sanft ab, um dann zu einer wie der Rücken eines Walfisches geformten Bergkette anzusteigen, welcher die Welt winzig erscheinen ließ. Der Anblick ließ Susans Knie weich werden, und ihr schwindelte. Aber hinter diesen Bergen, hoffte sie, war die Ebene, war Alderley: und immerhin gab es da keine Rhododendronsträucher.

Als Susan durch die Öffnung trat, erhob sich jemand aus dem Schatten der Mauer. Hier im Freien konnte sie ihn jetzt deutlich sehen. Vielleicht war es derselbe, der die Brücke bewacht hatte, oder ein anderer, der die Mauer bewachte. Er war etwas kleiner als Susan. Sein Kopf war kahl und glatt, er hatte spitze Ohren, mandelförmige glühende Augen und eine dünne krumme Nase. Sein Speer glich einem Blatt, und sein Körper war von enganliegenden, schuppendichten Haarlocken bedeckt.

Susan stand starr vor Schreck und vermochte sich auch dann nicht zu bewegen, als der Mann eine Hand ausstreckte und sie am Arm ergriff. Bei dem Schrei jedoch, der darauf seinem breiten Mund entfuhr, entspannten sich

ihre Muskeln. Denn als er sie berührte, leuchtete das Amulett feurig auf, und eine weiße Flamme schoß ihren Arm hoch und schlug wie eine Peitsche nach seiner Hand. Der Mann sank an die Mauer und regte sich nicht mehr.
Susan lief von dem Tor ins offene Moor hinunter, aber sie war noch nicht ganz am Fuß des Berges angekommen, als ein Ruf ertönte, und als sie sich umblickte, sah sie einen weiteren Mann über die Mauer setzen und ihr nacheilen. Aber war das ein Mensch? Etwas stimmte nicht an der Art wie er lief. Er rannte schnell und wie eine Eidechse über das Gras: seine Beine ruckten in abgehackten Schritten vor, und die Kniegelenke sahen aus, als ob man sie verkehrt herum eingesetzt hätte, während die Unterschenkel ganz dürr waren und an den Füßen Krallen saßen.
Susan hatte einen Vorsprung von fünfzig Metern, aber sie mußte klettern, während der andere noch den Abhang hinunterlief. Sie kraxelte, wobei sie versuchte, noch etwas Energie aufzusparen, wurde aber gleichzeitig von der Notwendigkeit zu entkommen vorangetrieben.
Ein Speer sauste über ihre Schulter und ragte vor ihr aus dem Boden. Dieser Verfolger würde keinen näheren Kontakt riskieren. Susan überlegte, ob sie den Speer herausreißen und gegen seinen Besitzer gebrauchen sollte; aber sie konnte sich nicht dazu überwinden, sich ihm zu stellen oder ihn zu werfen, nicht einmal, ihn zu berühren. Also rannte sie immer und immer wieder weiter, gewann jedesmal neuen Vorsprung, wenn er den Speer aus dem Boden zog, und harrte des nächsten Wurfs.
Sie kam zu einer Gruppe abgestorbener Bäume, die knorrig auf dem Berghang standen, und dankbar für den geringen Schutz, den sie ihr boten, schlängelte sie sich von Stamm zu Stamm. Aber sie war jetzt so erschöpft, daß sie

nicht mehr aufstehen konnte, als sie einmal stolperte. Sie wälzte sich mit dem Rücken an einen Baum und stellte sich instinktiv der Gefahr.

Das Wesen rannte mit hoch erhobenem Speer auf den Rand der Baumgruppe zu. Einen Augenblick zögerte es, spähte suchend in dem ungünstigeren Licht, dann ging es weiter. Und als es am ersten Baum vorbeikam, schien sich ein Teil des krummen Stammes loszumachen und vor ihm aufzustehen; und dann erschien ein langer Lichtstrahl, der sich verkürzte und unter seinen Rippen verschwand. Er schrie auf und brach zusammen.

»Jetzt haben wir's also mit Bodachs zu tun!« sagte eine angewiderte Stimme. »Hat's mit dem Auswurf von Bannawg denn nie ein Ende?«

14

Die Wilde Jagd

Uthecar wandte sich an Susan. »Cadellin glaubte, du würdest diese Nacht nicht überleben; und ich bin nicht sicher, ob du ihm zeigen wirst, daß er sich geirrt hat.«

»Uthecar!« rief Susan. »Wie kommt Ihr denn hierher?«

»Reicht es nicht, daß ich hier bin?« sagte der Zwerg.

Er half Susan auf die Beine. »Denn der Bodach liebt steiles Gelände noch mehr als ein Berghase. Das Eisen hätte dir jetzt schon den Tod gebracht – und das kann immer noch geschehen: ein Bodach gestorben und nicht gerade im stillen. Es wäre klüger gewesen, ihm den Kopf abzuschneiden, aber ein Bodach führt seinen Speer sehr behende, und es erfordert einen langen Streich, ihm die Kehle aufzuschlitzen; die ist nämlich zäh wie Ochsenleder.«

Uthecar und Susan begannen den Berg hinaufzusteigen. Sie gingen in gleichmäßigem Tempo, denn Uthecar wußte, daß vor ihnen rund dreihundert Meter Moorfläche lagen, und daß ihnen Laufen nichts nützen würde, falls sie verfolgt werden sollten.

Vom Moor aus konnten sie das Haus nicht sehen, und als sie höherstiegen, schrumpfte das Tal der Rhododendronbüsche zu einer dunklen Linie zusammen und verschwand schließlich hinter der Krümmung des Berges.

Uthecar ließ sich erst von Susan erzählen, was sie alles gesehen hatte, bevor er eine Erklärung für seine Anwesenheit bei den abgestorbenen Bäumen gab.
»Aber wie habt *Ihr* herausgefunden, wo die Morrigan sich aufhält?« fragte Susan. »Das ging ja sehr schnell.«
»Nicht so schnell wie du glaubst«, sagte Uthecar. »Immerhin ist Colin vorige Nacht entführt worden.«
»Aber das kann nicht sein!« sagte Susan. »Es ging doch alles so schnell! Das ist doch erst vier oder fünf Stunden her!«
»Nein«, sagte Uthecar. »Du hast auf Angharad Goldenhands Insel unter einem Zauberbann gestanden. Dort gibt es keine irdische Zeit: es hätten Jahre vergehen können; allein die Magie der Herrin bewirkte, daß es nur ein Tag und eine Nacht waren. Was mich betrifft, so ist das ganz einfach. Nach Mondaufgang kam Pelis der Falsche nach Fundindelve und verkündete vor dem Tor, wenn du nicht bereit wärest, morgen mit ihm zu gehen und ihm dein Armband zu übergeben, dann würde er uns Colin zurückschicken, und zwar stückweise.
Zuerst wollte ich seinen Hochmut in dunklen Wogen über den Boden verströmen lassen, aber das kommt später. Wir mußten zunächst seinen Vorteil mindern. Albanac verwickelte ihn daher in ein Gespräch, und ich schlich beim Holywell hinaus und folgte ihm hierher, als er endlich ging. Dieses Tal aber ist voller Schrecken, und vielen davon ist nicht mit dem Schwert beizukommen. Daher werden wir Cadellin holen, und während er mit der Morrigan schachert, werde ich Pelis des Falschen Charakter auf die Probe stellen, und wenn ich zu seinem Herzen durch ein Meer von Bodachs waten muß.«
Sie waren hoch oben auf dem Berg: die Welt war leer.

Uthecar und Susan bewegten sich über die Heide, zwei Flecken in dem trüben Licht.
»Wer sind diese – Bodachs?« fragte Susan.
»Der Abschaum von Bannawg«, sagte Uthecar. »Sie sind mit den Kobolden verwandt, aber sie besitzen mehr Schneid – Mut will ich nicht sagen. Sie lieben allein das Sausen der Klingen, und sollten sich viele von ihnen um die Morrigan geschart haben, wird es nicht einfach sein, Colin zu befreien. Könntest du etwas schneller klettern?«
Bei dieser Frage wurde seine Stimme schneidend.
»Warum? Was ist denn los?« fragte Susan.
»Sieh dich um«, sagte der Zwerg.
Aber Susan sah nichts als den Bergrücken und das Moorland gegenüber auf der anderen Seite des Tals von Goyt, gewölbt wie ein Staudamm und ungeheuer still.
»Nein. Wo denn?«
»Da und da und da und da, im Heidekraut.«
Da sah sie es – weiter unten am Berg huschte etwas züngelnd über den Boden, vor und zurück, hinein und heraus, grünäugig.
»Kundschafter«, sagte Uthecar. »Die Palug-Katzen brauchen wir nicht zu fürchten, um so mehr aber die Bodachs, die ihnen folgen. Ich würde gern eine Menge Wind zwischen uns und sie bringen.«
Susan und Uthecar beschleunigten ihre Schritte, liefen aber noch nicht; und die Katzen strömten, nachdem sie einmal entdeckt waren, ganz offen hinter ihnen her und begannen einander mit Stimmen, die wie die Schreie gequälter und verlassener Seelen klangen, über den Berg hin Kommandos zuzurufen.
Ihre Zahl versetzte Uthecar in Schrecken. Mit so vielen hatte er nicht gerechnet. Sie würden ihn im Handumdre-

hen überwältigen und wären auch imstande, das Armband lange genug abzudecken, um Susan umbringen zu können – falls sie das beabsichtigten.

Aber die Palugs griffen nicht an, und Susan und Uthecar gelangten auf den Kamm des Höhenzugs. Ein Steinwall lief über den Grat hin, der links von ihnen in sanftem Bogen aufwärts schwang und rechts einen Sattel bildete, hinter dem sich ein Gipfel erhob. Vor ihnen lag ein Tal, dahinter weitere Berge, doch jenseits davon war die Ebene. Bis Alderley waren es noch fünfzehn Kilometer.

Sie kletterten über den Wall und wollten gerade mit dem Abstieg ins Tal beginnen, als sie eine Reihe Bodachs unten über den Sattel ins Tal marschieren sahen, die ihnen den Weg abschneiden wollten. Blieb also nur noch der Weg nach links, den Berg hinauf. Sie hielten sich dicht an den Wall, wo Schafspuren den Boden gangbarer gemacht hatten. Sie wurden von den Palugs vorangetrieben, jene auf der anderen Seite des Walles waren ein Stück voraus.

Der sanfte Anstieg des Grates hinderte Susan und Uthecar nicht daran zu laufen, doch war jeder Schritt beschwerlich. Und so taumelten sie in die Falle. Denn bald waren sie auf dem Gipfel des Berges, und die Erleichterung über den ebenen Boden fand ein jähes Ende durch die Klippe, die steil vor ihnen abfiel. Und als sie sich umwandten, sahen sie, daß die Palugs, die ihnen vorausgelaufen waren, den Wall überstiegen und mit den anderen Verfolgern einen Halbkreis geschlossen hatten. Die Klippe war nicht so tief, daß man nicht hätte hinabsteigen können, doch war der Grund am Fuß kaum weniger steil und zudem mit Felsbrocken übersät. Tief unten wand sich eine Straße durch die Berge.

»Schlag es dir aus dem Sinn, hinunterzuspringen«, sagte

Uthecar. »Du würdest dir nur die Knochen zerschmettern. Immerhin können uns hier weder Palugs noch Bodachs von hinten angreifen. Ich fürchte freilich, das wird uns wenig nützen: schau.«

Zwanzig oder mehr Bodachs waren jetzt in Sicht; fast einen halben Kilometer vor den anderen zog eine Dreiergruppe voraus. Als sie den Halbkreis der Palugs erreichten, machten sie Halt, lehnten sich auf ihre Speere und beratschlagten hämisch, wer von ihnen das Vergnügen haben sollte, Susan und Uthecar zu töten. Schließlich war von einem Mädchen und einem einäugigen Zwerg, der nur mit einem Schwert bewaffnet war, nicht viel zu fürchten.

»Hinter mich, und hock dich tief hin«, flüsterte Uthecar. »Mir ist etwas eingefallen für die drei. Sollte es mir fehlschlagen, dann springe rasch und vertraue der Herrin.«

»Ich hab hier dieses Horn«, sagte Susan. »Soll ich hineinblasen?«

»Dies war für Schlimmeres bestimmt als diese Falle, fürchte ich«, sagte Uthecar.

Doch ehe er weitersprechen konnte, kam mit zwei dumpfen Schritten, Schild und Speer in Kampfhaltung, einer der Bodachs durch die Front der Palugs gestapft. Und als er zwischen Uthecar und den Palugs in Stellung ging, schleuderte Uthecar aus der Hüfte heraus sein Schwert nach ihm. Es bohrte sich in den Magen des Bodachs, der darauf zuckend zu Boden sank. Mit demselben Ungestüm wie bei seinem Wurf setzte Uthecar nun dem Schwert nach und kam noch bei dem Bodach an, ehe dieser den Rasen berührte. Mit einer schnellen Bewegung entriß er dem Bodach den Schild und ging dahinter in Deckung, als auch schon die Speere der beiden anderen Bodachs auf ihn zusausten. Sie bohrten sich durch den Schild und ragten aus der anderen Seite heraus, richteten aber keinen Schaden an. Uthecar packte sein Schwert und den Speer des sterbenden Bodachs und sprang zurück zu der Klippe, bevor die Palugs sich zum Sprung bereit machen konnten. Dann aber war es zu spät für ihren Mut. Jeder Palug erblickte in diesem Schwert seinen Tod, und sie konnten einfach nicht schnell genug denken, um die Taktik des Zwerges zu durchschauen.

Uthecar stieß Susan den gespickten Schild und den Speer in die Arme und sprang gleich wieder mit einem Satz in das Katzengewimmel. Mit vier Schritten war er unangefochten über ihnen und den schutzlosen Bodachs. Zweimal blitzte sein Schwert auf, dann stand Uthecar mit zwei Schilden am Arm unter den Katzen. Diesmal aber waren die Katzen besser auf ihn eingestellt. Er schien durch schwarzen Schleim zu waten, der ihn bis zur Hüfte einhüllte: Körper klatschten gegen die Schilde über seinem Kopf, und um seine Füße sprühte der Funkenregen seines Schwerts. Aber er schuftete sich frei und gelangte zu Susan an den Rand der Klippe.

Als die Haupttruppe der Bodachs auf dem Gipfel des Bergs ankam, stießen sie auf ein Mädchen und einen Zwerg, die beide bewaffnet waren und auf einer vorspringenden Felsspitze standen, so daß sie nur von vorn und einzeln angegriffen werden konnten.

Ein Kampf fand nicht statt. Eine Zeitlang stolzierten die Bodachs auf dem Gipfel herum und versuchten, einen günstigen Angriffspunkt zu finden, dann begannen sie mutlos ihre Speere zu werfen, doch als sie merkten, daß diese später eher gegen sie selbst angewandt werden würden oder nutzlos über die Klippe gingen und jedenfalls kaum ihr Ziel trafen, versuchten sie den Zwerg im Sturm

zu überwältigen. Fünf rasche Tode ließen sie jedoch innehalten; sie schüttelten wütend die Köpfe und wichen zurück.
Die Palugs waren wenig hilfreich. Sie jagten gewöhnlich im Rudel: Einzelkämpfe waren nicht gefragt, und es kam zu etlichen blutigen Scharmützeln, als man sie Uthecars Schwert entgegenzutreiben versuchte.
Und so schien nach den ersten Minuten ein Patt erreicht worden zu sein.
»Wenn wir bis zur Dämmerung aushalten könnten, würden wir uns wohl freikämpfen können«, sagte Uthecar. »Denn weder Bodach noch Palug lieben die Sonne. Aber welche Nachricht mag inzwischen die Morrigan erreicht haben? Falls die nämlich kommen sollte, dann wahrhaftig gute Nacht.«
Uthecar hatte gesehen, daß einige Palugs ins Tal des Flusses Goyt zurückgegangen waren: er wußte, was das bedeutete. Die ganze Zeit kamen Katzen und Kobolde aus dem Tal herauf, und der Berggipfel war voll von ihnen.
»Wir werden den Sonnenaufgang nicht erleben, wenn wir hierbleiben«, sagte er. »Aber was bleibt uns sonst übrig?«
»Weißt du, wo wir eigentlich sind?« fragte Susan. »Unter uns ist eine Straße.«
»Ja, dies hier ist Shining Tor. Zwischen deinen Füßen wuchs die Mothan, und hier schlief der Wilde Jäger.«
»Was? Hier? Du meinst: *hier?*« Sie war so verblüfft, daß sie die Bodachs aus den Augen ließ und sich auf dem zerklüfteten Felsen umsah; ihre Gedanken waren von dem Licht erfüllt, das sie aus den verlöschenden Flammen auf dem Bakenhügel angestarrt hatte. Und dann durchfuhr ein Schmerz, kalt wie eine Rasierklinge, ihren Arm bis tief in den Knochen. *»Oh! Sie haben mich getroffen!«* Susan griff

sich ans Handgelenk; doch als sie hinsah, war da weder Blut noch eine Wunde, nur das Amulett von Fohla leuchtete in hellem Feuer, und die schwarzen Buchstaben, die darauf eingraviert waren, schienen über der Oberfläche des Metalls zu schweben. Und jetzt konnte sie das Machtwort erkennen.

»Uthecar! Ich kann jetzt lesen, was auf meinem Armband steht!«

»Dann sprich es aus!«

Er trat zu Susan, um ihr Deckung zu geben, als sie ihren Speer sinken ließ; er konnte die Bodachs nicht aus den Augen lassen; sie rückten jetzt näher heran und harrten ihrer ersten Chance.

»Hier steht ›TROMADOR‹.«

Das Wort ließ den Berg erbeben. Die Luft vibrierte wie von einem Ton unter der Hörschwelle, und die Fläche des Himmels zitterte, die Sterne tanzten, und ihr Glitzern echote »Tromador, Tromador« durch die Nacht, und aus diesen Lauten erhob sich ein Wind.

Ein Wind, der die kühnsten Vorstellungen übertraf: er sprang Susan in den Rücken und schmetterte sie auf den Fels. Ihre Finger wuchsen in jede Spalte, und sie preßte ihren Körper so fest dagegen, daß der Felsen sich drehte. Denn dies war ein Wind, der einem Pferd die Haare und das Moorgras vom Boden wegwehte: er riß das Heidekraut vom Hügel und entwurzelte die Weide: er wehte die Schnecke vom Felsen und den Adler von seinen Jungen; und heulend und tobend fuhr er flammend funkenstiebend über die Sandsteingipfel.

Bodachs und Palugs wurden zu einem Haufen gegen den Wall gedrückt und dort vom Wind festgehalten. Das Gras flatterte wie ein Skalp auf dem Berg.

Dann erstarb der Wind, wie er gekommen war. Susan und Uthecar hoben die Köpfe und tasteten nach ihren Speeren: die Schilde waren schneller als Blätter im Herbst davongeweht. Aber sie rührten ihre Waffen nicht an, denn nahe dabei standen zwölf Reiter. Sie saßen still wie der Tod, und vor ihnen war ein Mann, von dessen Kopf ein Geweih mit sieben Zinken grausig in den Himmel ragte. Der vorderste Reiter war rot und trug einen Speer. Er hob ihn hoch, und seine Stimme war schneidend wie eine Klinge.

Es geht ein Ruf durchs Tal;
Ist's Er nicht, der durchbohrt?
Es geht ein Ruf durchs Gebirge;
Ist's Er nicht, der verwundet?
Es geht ein Ruf durch den Wald;
Ist's Er nicht, der erobert?
Es ruft zur Reise über die Ebene!
Es ruft in jedem ruhlosen Tal!

Die drei roten Reiter, die Reiter von Donn, senkten ihre Speere; die weißen Mäntel der Söhne Argatrons teilten sich, und drei geschwungene Peitschen erschienen; der finstere Fiorn, König des Nordens und der Hügel, schwang seinen eisernen Flegel über der Schulter, und die sieben Ketten klirrten leise und unheilvoll; der Hirschmann, Sohn Melimbors, ergriff sein schwarzes Schwert; es zischte wie eine Natter aus der Scheide; das Schwert Bagdas wurde gezogen; die Söhne Ormars hielten die Wurfspieße angriffsbereit hinter ihren silbernen Schilden, und die Hufe ihrer Pferde glichen ehernen Monden. Garanhir, der Jäger, warf den Kopf herum; seine Stimme röhrte wild wie die eines Hirsches: »Reitet, Einherjar der Herlathing!«

»Wir reiten! Wir reiten!«

Die Palugs hatten mit flach angelegten Ohren und vor Angst zusammengekniffenen Augen den Rückzug angetreten, als der Reiter zu sprechen anhob, doch als Garanhirs Stimme über sie hinfuhr, wurden sie wahnsinnig, als habe der Klang seiner Stimme zu ihnen gesprochen und ihnen den Verstand geraubt. Springend entflohen sie über die Heide. Hingegen lösten sich die Bodachs aus dem Knäuel, das der Wind aus ihnen gemacht hatte, knieten sich dicht nebeneinander hinter ihre Schilde und stellten die Speere vor sich auf den Boden, so daß die Spitzen den Pferden auf die Brust gerichtet waren. Doch ehe sie losschlagen konnten, waren Wurfspieß und Flegel, Peitsche, Schwert und Speer über ihnen, und die Einherjar überschwemmten sie wie eine Woge und ließen ihre Köpfe rollen wie Schottersteine.

Garanhir durchschritt die Reihen der Bodachs; er packte sie am Nacken und hieb ihre Köpfe gegeneinander: »Reitet, Einherjar der Herlathing!«

»Wir reiten! Wir reiten!«

Die Reihen der Geschlagenen zerstreuten sich, und die Herlathing stürmten über den Berg und schlugen und prügelten und hetzten die Kobolde und Katzen zurück ins Tal.

Susan stand voller Staunen und Entsetzen über die Raserei des Blutvergießens, die die Reiter an den Tag legten: Garanhir war blutschwarz bis zur Hüfte, von seinem Geweih hingen Fetzen. Aber Uthecar zog sie von dem Felsen und ging auf den Rand der Klippe zu.

»Wir wollen nicht verweilen«, sagte er. »Die Wilde Jagd

hat uns gerettet – willst du jetzt noch auf die Morrigan warten?«

»Aber seht doch«, sagte Susan. »Denen macht das ja *Spaß*, was die da tun.«

»Spaß? Du hast die Wilde Jagd gerufen, Susan. Das ist kein Kinderzauber! Sei dankbar, daß nicht auch *dein* Kopf zu Tal rollt.«

Sie kamen aus den Felsen heraus und auf die Straße, die Uthecar aber nicht nehmen wollte. Er schlug einen geraden Weg nach Alderley ein und vermied offenes Gelände, wo immer das möglich war; das Tempo behielt er die ganze Nacht hindurch bei. Der Lärm der Schlacht war bald nicht mehr zu hören.

Als der Tag anbrach, waren Uthecar und Susan auf einem Feld oben auf der Edge, am Rand eines Waldstreifens. Der Mond hing tief am Himmel. Susan war außer Atem und sehr müde, während Uthecar entspannter aussah als die ganze Nacht vorher.

»Wir sind da«, sagte er. »Verborgen in diesem Wald, am Goldenstone vorbei, führt ein alter Elfenweg nach Fundindelve. Er wird uns einigen Schutz bieten, denn selbst die Morrigan kann nicht ohne Schmerzen über einen Elfenweg gehen, und unbedeutendere Plagegeister können ihn überhaupt nicht benutzen.«

»Dann komm«, sagte Susan. »Laufen wir.«

Plötzlich empfand sie Furcht: von Osten fiel ein Schatten über ihre Gedanken. Doch ehe sie einen weiteren Schritt tun konnten, hörten sie hinter sich eine Stimme rufen.

»Imorad! Imorad! Surater!«

Und der Klang dieser Stimme schien ihre Muskeln mit Eis zu umschließen. Uthecar schrie auf, dann stand er reglos; Susan aber konnte sich, obwohl ihr in allen Gelenken Kri-

stalle zu stecken schienen, dazu zwingen, ihre Glieder zu bewegen. Sie drehte ihren Kopf und sah die Morrigan am Rand einer Baumgruppe auf der anderen Seite des Feldes stehen. Sie trug ein langes Schwert, und ihre rechte Hand streckte sich Susan und Uthecar entgegen: die Faust geballt, kleiner Finger und Zeigefinger ausgestreckt.
»Muß – laufen«, quetschte Susan hervor.
Sie konnte zwar gehen, aber jeder Schritt wurde ihr zu mühsamer Qual; ihr Körper war schwer wie Blei; es war so ähnlich, wie wenn man in einem Alptraum zu laufen versucht. Uthecar aber konnte allein sein Auge bewegen.
»Laufen – versuchen«, sagte Susan.
Ihr Hals war taub vor Kälte. Sie streckte eine Hand nach dem Zwerg aus und schloß ihre Finger krampfhaft um sein Handgelenk, um ihn mitzuziehen. Doch als sie ihn berührte, fühlte Uthecar in seinen Knochen Leben aufflakkern, und indem er seine ganze Kraft dazu aufwandte, gelang es ihm, seine Beine zu schwingen, seine Hüfte ruckte vor, die Arme kreisten weit vom Körper, als schwimme er im Wasser. Und so kamen Susan und Uthecar zusammen in den Wald, der an dieser Stelle nur wenige Meter tief war, und die Morrigan folgte ihnen mit schlagbereitem Schwert.
»Der Weg – Weg – da«, sagte Uthecar. Er drehte seinen Kopf nach links, und Susan sah einen Pfad, der zwischen Erdwällen dicht am anderen Rand des Waldes hinlief. Sie zwangen sich weiter, denn die Morrigan war so nahe, daß sie ihr Keuchen hören konnten; sie stolperten über die Böschung auf den Elfenweg, und die Lähmung wich von ihnen.
»Laß meinen Arm los und gib mir deine Hand«, sagte Uthecar. »Dir eignet die Macht gegen sie, doch meine

Schwerthand will ich freihaben. Sie wird sich nicht lange aufhalten lassen.«

Sie rannten den Pfad entlang, und die Morrigan hielt auf der anderen Seite der Böschung Schritt mit ihnen. Trotz ihrer beträchtlichen Masse war sie sehr schnell. Jedoch fiel ihnen auf, daß sie immer wieder zum Himmel aufsah und einen besorgten Eindruck machte. Kurz vor dem Goldenstone zögerte sie und blieb dann stehen.

»Halt«, sagte Uthecar. »Sie ist unruhig: Achtung!«

Zwanzig Meter entfernt stand die Morrigan und rang nach Atem.

»Ich wünsche dir alles Gute, du Zwerg!« kreischte sie.

Uthecar warf sich auf den Boden und zog Susan mit, dann schrie er aus Leibeskräften:

»Deine guten Wünsche, du Hexe, mögen auf diesem grauen Steine ruhen!«

In der Luft über Susans Kopf schwirrte es wie vom Flügelschlag eines Vogels, und der Goldenstone barst von oben nach unten. Herumfliegende Felssplitter stachen in Susans Haut, und als sie wieder hinsah, war die Morrigan verschwunden.

15

Mondzauber

»Wenn ich sie gefunden hätte, ehe sie aus der Quelle tranken«, sagte Cadellin, »hätten sie sich in die Hügel zurückzwingen lassen. So aber hat das Wasser sie hier draußen gestärkt, und dies wird sieben Nächte anhalten; wer weiß, was sie in dieser Zeit alles anstellen werden.«

»Ich würde mich nicht so sehr um die Herlathing sorgen als vielmehr um die Morrigan«, sagte Uthecar. »Denn habe ich jene letzthin mit Vergnügen gesehen, so kann diese meinem Leben gar nicht fern genug sein. Frag den Goldenstone, ob ich die Wahrheit sage!«

»Ich verstehe das nicht«, sagte Susan. »Sie war direkt über uns, dann schaute sie in den Himmel, zerbrach den Goldenstone und verschwand.«

»Wo stand der Mond?« fragte Cadellin.

»Das habe ich nicht mitbekommen.«

»Er wollte gerade untergehen«, erinnerte sich Uthecar. »Meinst du, das war es, was sie gefürchtet hat?«

»Mag sein«, sagte Cadellin. »Ihre Macht hängt davon ab. Freilich ist sie nicht hilflos, wenn der Mond untergegangen ist. Welcher besondere Umstand mag sie vertrieben haben?«

»Überlegt mal«; gab Susan zu bedenken, »wenn sie zu

dem Haus zurückgegangen ist, könnte Albanac sie mit seinem Pferd verfolgen – sie kann bis jetzt kaum den halben Weg dorthin zurückgelegt haben – und wir könnten so erfahren, was los ist.«

»Wenn sie dessen bedarf, wird die Gestaltwechslerei sie schneller dorthin bringen als mich mein Pferd«, sagte Albanac. »Aber ich werde gehen, wenn Uthecar mich begleitet und mir den Weg zeigt.«

»Nein!« sagte Uthecar. »Nur mit 'nem Kopf, der abgehackt noch oben bleibt! Zwei Schwerter bieten keinen Schutz. Nimm Susan mit: dann können Schwert, Huf und Amulett euch auch bei Tageslicht beschützen.«

»Ihr wärt doch sowieso nicht ohne mich gegangen?« fragte Susan und sah Cadellin an.

»Ich finde, Angharad Goldenhand hat unrecht«, sagte der Zauberer, »aber du bist deiner eigenen Welt schon so fern, daß meine Einmischung jetzt nur noch mehr Schaden anrichten dürfte. Geh mit Albanac. Aber ich bitte euch, möglichst nichts zu riskieren.«

Susan und Albanac begaben sich in eine der tiefer gelegenen Höhlen, wo Albanacs Pferd zusammen mit den Pferden der Lios-Alfar untergebracht war. Dann verließen sie Fundindelve durch das eiserne Tor und ritten zum Goldenstone. Sie achteten auf jeden Baum, sahen aber keine einzige Katze, und sobald sie in den Feldern waren, jagte das Pferd los, und sie sausten auf Shining Tor zu. Hofhunde bellten, Menschen starrten, aber Albanac hatte keine Zeit für Vorsichtsmaßregeln, und als sie in die Berge kamen, wurde das Land immer einsamer.

Im Heidekraut auf dem Gipfel von Shining Tor kämpften Aasvögel, die in ganzen Wolken aufflatterten, als Susan und Albanac durch sie hindurchritten. Das Pferd ging jetzt im Schritt, und Albanac war auf der Hut; er suchte Himmel und Moor ab und machte mit einer Hand sein Schwert in der Scheide locker.

Sie ritten an dem Wall entlang fast bis zu dem Bergsattel, dann wandten sie sich nach rechts ins Tal hinab. Es war ein stiller Tag. Nichts regte sich.

In dem Gehölz abgestorbener Bäume machten sie Halt, fanden aber keine Spur von dem Bodach; und das Rhododendrondickicht gewährte keinen Einblick in das Tal.

»Von hier aus kann man das Haus sowieso nicht sehen«, sagte Susan. »Es steht auf der anderen Seite dieses runden Berges am Eingang des Tales.«

»Dann müssen wir näher heran«, sagte Albanac. »Aber was ich sehe, gefällt mir gar nicht, nicht einmal aus dieser Entfernung.«

Als sie zu dem Durchgang kamen, legte Albanacs Pferd die Ohren an, ging aber ohne zu zögern und mit leisen Schritten weiter. Der Ort wirkte auch bei Tageslicht bedrohlich. Gebüsch und verfallenes Gemäuer, klamm und grün, der Weg voller Unkraut; der Bach übertönte alle leiseren Geräusche, so daß es sie kalt überlief vor Angst, es könnte sich ungehört etwas nähern. Das Tal wurde immer enger. Susan zeigte auf die linke Abzweigung der Einfahrt.

»Es ist gleich hinter dieser Kurve«, flüsterte sie.

Albanac nickte. Sie rückten vor. Das Pferd schien die Gefahr zu kennen. Als sie an die Biegung kamen, zog Albanac sein Schwert – und Susan stieß einen Schrei aus, vor dem die Vögel verschreckt aus den Bäumen stoben.

Denn der terrassierte Rasenvorplatz war über den Weg verschüttet; wo Susan einen Zierteich gesehen hatte, stand jetzt ein Büschel Binsen; das leuchtende Haus mit dem Turm war nur noch ein Haufen verfallenes Mauerwerk,

Farn und Nesseln wuchsen aus den Trümmern, aus denen leere Fensterbögen ragten.
»Dies ist seit langem tot«, sagte Albanac.
»Aber vorige Nacht stand hier ein Haus!« rief Susan. »Die Morrigan war da. Ich habe sie doch gesehen!«
»Ich zweifle nicht an deinen Worten«, sagte Albanac. »Hier herrscht Hexenmagie. Komm.«
Er wirbelte das Pferd herum und jagte im Galopp den Pfad zurück. Sie mußten unbedingt aus dem Tal herauskommen: es war, als habe sich unmittelbar vor ihren Füßen ein gähnender Abgrund aufgetan, vor dem sie instinktiv zurückgesprungen waren, während ihre Gedanken noch rasten, ihn zu erfassen. Als sie aber wieder auf dem offenen Berghang waren, glitt vieles von dem Grauen von ihnen ab, und Albanac ließ das Pferd langsamer laufen.
»Was hat das Haus verfallen lassen?« fragte Susan mit gebrochener Stimme.
»Nichts, Susan: was du vorige Nacht gesehen hast, war das Werk der Morrigan«, sagte Albanac. »Wir müssen Cadellin holen, denn ich glaube Licht in dieser Sache zu sehen, ja, wir könnten sie gar aus dem Felde schlagen.«
»Wie?«
»Wir wollen zunächst Cadellin befragen: er ist fähiger, diese Dinge zu beurteilen. Aber ich glaube, Colin ist jetzt sicherer als vorher. Wo immer er auch sein mag, die Morrigan dürfte nicht früher an ihn herankommen als wir.«
»Seid Ihr *sicher*?«
»Nein: doch fragen wir Cadellin.«
Er trieb das Pferd auf den Berg, und es lief wie ein Banner im Wind über die Flanke von Shining Tor. Denn dies war Melynlas, das Fohlen Caswallawns und eines der Drei Feurigen Pferde von Prydein.

Sie ließen den Berg hinter sich und hielten jetzt auf Thursbitch unter Cat's Tor zu, als ihnen auf einer Schaftrift ein Hirt mit seinem Hund entgegenkam. Der Hund sprang bellend auf sie zu, doch ein Pfiff genügte, und er lief zurück zu seinem Herrn; Albanac wandte Melynlas zur Seite und blieb stehen.
»In einem Tal hinter diesem Berg steht ein Haus«, sagte er. »Es ist eingefallen und überwachsen. Können Sie mir sagen, was das ist?«
Der Hirt sah Susan und Albanac nur wenig neugierig an. »Tja«, sagte er, »das wird Errwood Hall sein, das alte Herrenhaus.«
»Wie lange ist es her, daß da jemand gewohnt hat?« fragte Susan.
»Weiß ich nicht; aber das Haus wurde abgerissen, als ich noch ein kleiner Junge war.«
»Das hab ich mir gedacht«, sagte Albanac. »Recht herzlichen Dank.«
»Gern geschehen«, sagte der Schafhirt. »Komische Jahreszeit für 'ne Prozession, nich? Wo geht's denn hin?«
»Prozession?« sagte Susan. »Was für eine Prozession?«
»Schönen Tag noch«, sagte Albanac und wandte Melynlas herum.
»Na, zwei so kostümierte Leute sieht man hier oben nicht alle Tage: dachte ja bloß, da müßte sich schon was abspielen.«
»Aber ich bin nicht –« sagte Susan.
»Zwei?« sagte Albanac und zog hart an den Zügeln. »Wen haben Sie denn sonst noch gesehen?«
»Vor 'ner halben Stunde ist mir drüben bei Thursbitch 'ne Frau begegnet«, sagte der Schafhirt, »ging nach Errwood. Hab noch nie jemand so schnell laufen sehen! Sie hatte

lange Röcke und so'n Zeug an, aber ich konnte nicht mit ihr reden, war zu weit weg.«

»Vor einer halben Stunde?« sagte Albanac. »Sind Sie da sicher?«

»Na ja, sagen wir zwanzig Minuten.«

»Noch einmal vielen Dank!« rief Albanac, und Melynlas sprengte in Richtung Alderley davon. Rasenstücke flogen ihnen um die Köpfe wie Schwalben vorm Regen.

»Ich glaube, wir haben sie!« brüllte Albanac durch den Lärm ihres Rittes. »Sie war nicht lange vor uns da, ist aber zu spät gekommen; und doch muß sie nahe genug gewesen sein, um uns zu sehen, hat aber nicht angegriffen – und das bedeutet, daß sie es nicht gewagt hat. Ich glaube, wir haben sie!«

Einen so schnellen Ritt wie jetzt nach Alderley hatte Susan noch nie erlebt; das war noch schneller als der Ritt der Herlathing durch die vom Wendenfeuer rote Nacht vom Broad Hill zur Bake. Und sie machten auch nicht Halt, um Melynlas unterzustellen, sondern betraten Fundindelve am Holywell und gingen geradewegs zur Höhle des Zauberers.

»Ihr müßt jetzt handeln«, sagte Cadellin, nachdem sie ihm ihre Geschichte erzählt hatten. »Es scheint, daß sie aus sich selbst heraus noch nicht stark genug ist, um euch unvorbereitet angreifen zu können, sofern sie sich nicht auf den Mond stützen kann. All dies ist Mondzauber. Sie hat ihn benutzt, um die Erinnerung dieses Hauses in festen Steinen aufzubauen, und ich möchte meinen, es existiert dort nur, wenn der abnehmende Mond darauf scheint. Wenn sie das Haus nicht vor Monduntergang erreicht hat, dann ist sie bis zur Nacht davon ausgesperrt; und wenn Colin dort drin ist, wird er für eine Weile sicher sein. Ihr müßt euch zwischen sie und das Haus bringen, solange es noch hell ist, und nach Mondaufgang müßt ihr sie solange vom Haus fernhalten, bis Colin befreit ist.«

»Dazu werden wir Hilfe brauchen«, sagte Albanac. »Drei oder vier allein können das Haus nicht bewachen. Ich denke, wir sollten mit Atlendor sprechen.«

Uthecars Einwände, man dürfe sich in keiner Weise auf die Elfen verlassen, wurden nicht beachtet, und zusammen gingen sie in die tiefste Höhle von Fundindelve, in der geordnet und schweigend die Hundertschaften der Lios-Alfar saßen. Das einzige Geräusch waren gelegentliche Hustenanfälle, die immer wieder an verschiedenen Stellen der Höhle ausbrachen. Susan konnte nicht anders: die Stille entsetzte sie ein wenig.

Sie kamen zu Atlendor, der allein am hinteren Ende der Höhle saß; sie erzählten ihm, was sie vorhatten.

»Werden die Lios-Alfar uns hierbei unterstützen?« fragte Albanac. »Es ist nur für eine Nacht, und im Gebirge. Die Rauchkrankheit kann in so kurzer Zeit nicht ausbrechen.«

Atlendor stand auf. Seine Augen leuchteten.

»Tatsächlich nicht?« sagte er. »Aber das spielt keine Rolle. Die Lios-Alfar reiten in drei Nächten ab. Wir haben bei der Jagd auf den Brollachan geholfen. Dieser Mondzauber geht uns ganz und gar nichts an. Und du bist verpflichtet, mit uns zu reiten, obwohl ich Wortbruch in deinem Herzen lese.«

»Mein Herr Atlendor«, sagte Albanac, »soll es von den Lios-Alfar heißen, sie würden das Böse nicht bekämpfen, wo immer sie darauf stoßen?«

»Tja, wenn es von den Menschen ausgeht. Allzu oft bringen sie den Tod über mein Volk. In drei Nächten reiten wir ab, Albanac, und du kommst mit uns.«

Er wandte sich ab, als sei das Thema damit abgeschlossen, da ließ ihn Susans Stimme innehalten.
»Wenn Ihr uns nicht helft, Colin aus diesem Haus zu holen«, sagte sie, »werden wir ja sehen, wie sehr der Mondzauber Euch nichts angeht. Was ist mit meinem Armband? Habt Ihr daran schon gedacht?«
Bestürzung glitt über Atlendors Miene, wie ein Augenblinzeln.
»Auch du hast dich uns verpflichtet«, sagte er kalt.
»Und Ihr glaubt, ich würde Euch helfen, wenn Colin nicht in Sicherheit ist?«
»Ein nicht erfülltes Versprechen ist überhaupt kein Versprechen«, sagte Atlendor.
»Na schön, dann eben nicht. Aber wie wollt Ihr daran etwas ändern?«
»Ihr bekommt fünfzig Reiter, die ich selbst führen werde; aber nicht vor Sonnenuntergang«, sagte Atlendor. »Falls die Sache nicht bis zur dritten Nacht in Ordnung gebracht ist, werden Albanac und die Fünfzig bleiben, und ich werde meine übrigen Leute nach jenseits von Bannawg führen.«
Albanac sagte schnell: »Das ist großzügig und wird unserer Not abhelfen.«
»Es ist töricht und ein Diktat der Gewalt«, sagte Atlendor.

16

Das Heulen Ossars

Susan und Uthecar suchten sich bei den Lios-Alfar zwei Pferde aus, und Susan nahm sich auch ein Schwert und einen Schild. Besser konnte sie sich nicht rüsten, da keiner der Kettenpanzer der Elfen ihr passen wollte.

Sie führten ihre Pferde in die Höhle des Zauberers hinauf.

»Habt Ihr kein Pferd?« fragte Susan.

»Ich werde nicht mit euch gehen«, sagte Cadellin.

»Nicht mit uns?« rief Susan. »Aber das *müßt* Ihr!«

»Ich habe darüber nachgedacht«, sagte Cadellin. »Meine Pflicht liegt hier, ich habe die Schläfer zu bewachen. Nur ich kann sie wecken. Sollte ich umkommen, hätte ich meine Pflicht verraten, und nur in Fundindelve kann ich meines Lebens sicher sein. Und, Susan, auch wenn die Morrigan Kraft gewinnt und Colin in ihrer Macht ist – die Schläfer warten auf einen, dessen Schatten die Welt erdrücken wird; ich darf sie einfach nicht allein lassen.«

»Das stimmt«, sagte Albanac. »Wir waren der Gefahr zu nahe, um das unparteiisch zu sehen. Es ist besser, die Morrigan triumphiert jetzt, als daß die Schläfer nie erwachen.«

»Aber was sollen wir gegen die Magie der Morrigan ausrichten?« fragte Susan. »Wir haben nichts dergleichen.«

»Dieses Risiko müssen wir auf uns nehmen«, sagte Cadellin. »Ihr seid dort nicht ganz hilflos. Und selbst wenn du es wärest, Susan, dürftest du dich nicht beklagen. Du selbst hast dir dies Ziel aus freien Stücken gesteckt. Ich habe getan, was ich konnte, um dich davon abzuhalten.«

»Ich sehe keinen Sinn in weiterem Reden«, stellte Uthecar fest. »Uns bleibt vom Tag nicht mehr viel übrig für das, was noch getan werden muß, wenn wir der Morrigan nicht zum Geschenk werden wollen.«

»Ja, kommt«, sagte Susan.

Es war ein peinlicher Abschied. Obwohl sie der Rede Cadellins die Logik nicht abstritten, waren Susan und Uthecar selbst zu sehr vom Gefühlsmäßigen bestimmt, als daß *sie* eine solche Entscheidung hätten treffen können. Als sie aus Fundindelve schieden, gab nur Albanac Cadellin die Hand, und so spürte er allein die Bekümmerung des Zauberers und sah das Licht, das hinter seinen Augen schien.

Sie ritten schnell, aber ruhig.

»Schwert und Schild sind für die Palugs«, sagte Uthecar. »Laß dir nur nicht einfallen, sie gegen den Speer eines Bodachs einzusetzen. Dies wird unsere Aufgabe sein.«

»Aber hat sich denn nicht die Wilde Jagd um sie gekümmert?« fragte Susan.

»Das wage ich nicht zu hoffen«, sagte Uthecar. »Einige sind bestimmt entkommen, aber wie viele? Ist erst einmal die Sonne untergegangen, werden wir's erfahren.«

Um die Mittagszeit kamen sie in Errwood an. Sie ritten weniger behutsam darauf zu als vorhin, und Uthecar durchstreifte die Ruinen auf seinem Pferd, um darüber zu befinden, wie sie sich am besten auf die Nacht vorbereiten sollten.

»Es wird nicht einfach sein, das Haus zu bewachen«, sagte er, als er zurückkam. »Drei Seiten hier sind eben und offen, Gefahr droht aber von der Rückseite. Es ist nur wenig Platz zwischen der Mauer und dem Berg. Außerdem ist der Berg stellenweise senkrecht behauen, und dichtes Buschwerk wächst dort. Die Morrigan kann uns sehr nahe kommen, ohne daß wir es merken. Dort müssen wir anfangen.«

Er ging zur Rückseite des Hauses und begann die Rhododendronbüsche vom Felsen abzuhauen. Albanac fing ein Stück von ihm entfernt ebenfalls damit an; sie arbeiteten aufeinander zu und machten den Hang auf einem zehn Meter breiten Streifen frei.

Susan trug die gefällten Sträucher zusammen und stapelte sie in Haufen auf dem Streifen zwischen dem Haus und den beiden Bächen.

All dies dauerte vier Stunden, und das verbleibende Tageslicht verbrachte man damit, die steilen Hänge unterhalb des Felsens so gut es ging zu roden. Dieses Holz wurde auf dem Rasen zu einem großen Stapel geschichtet.

Den ganzen Tag über wies nichts darauf hin, daß sie sich in Gefahr befanden. Ein oder zweimal glaubte Susan in weiter Ferne einen Hund heulen zu hören, den auch Albanac zu hören schien, denn dann unterbrach er seine Arbeit und lauschte, um gleich darauf wieder an das Roden der Büsche zu gehen, und sein Körper schwang mit den Streichen hin und her, als ob er um sein Leben kämpfte.

»Ich möchte nicht im Tal bleiben, solange die Lios-Alfar noch nicht da sind«, sagte Uthecar. »Es wird alles, was an Bodachs und Palugs hier herumziehen mag, unter ihren Felsen und aus ihren Löchern hervorgekrochen kommen, und wir dürften kaum Zeit zum Luftholen haben. In offenem Gelände wäre es für uns günstiger, dort werden sie nicht so mörderisch sein.«

»Und was ist mit der Morrigan?« fragte Susan. »Ich dachte, wir wären hier, um sie nicht heranzulassen.«

»So bald wird der Mond nicht aufgehen; bis dahin werden wir sie kaum zu Gesicht bekommen«, sagte Uthecar. »Wir wollen aber noch rasch Feuer machen, bevor wir gehen. Das Holz reicht, um die ganze Nacht durch zu brennen, und weder Bodach noch Palug sind auf Feuer erpicht.«

Albanac zog Feuerstein und Zunder unter seinem Mantel hervor, und schließlich gelang es ihnen, ein paar Knäuel trockenen Grases in Flammen zu setzen, die dann behutsam auf Zweige und Blätter übertragen wurden und endlich auf die Buschstöße selbst. Es waren mehr als ein Dutzend, und als sie alle loderten, dämmerte es schon.

Sie bestiegen ihre Pferde und galoppierten über die Einfahrt ins Moor; hier, vor plötzlichen Angriffen sicher, machten sie Halt.

»Wie lange wird es dauern, bis die Elfen hier sind?« fragte Susan.

»Nicht lange«, sagte Albanac. »Sie werden Fundindelve verlassen haben, sobald es zu dunkeln anfing, und wenn es darauf ankommt, sind ihre Pferde flink wie Melynlas.«

Sie ritten über den Bach auf ein flaches Stück Wiese, wo die Pferde besser grasen konnten. Der Himmel war gelb, die schwarzen Wolken der Nacht trieben heran und versetzten das Tal in völlige Stille. Die aber wurde plötzlich von einem Schock unterbrochen, der die Pferde hochgehen ließ: ganz in der Nähe heulte ein Hund.

»Von wo kommt das?« rief Albanac.

»Dort drüben!« sagte Uthecar. »Oben auf dem Berg!«

Und dort, bei den abgestorbenen Bäumen, wo Uthecar den Bodach getötet hatte, trottete die Gestalt eines schwarzen Hundes. Er war groß wie ein Kalb und vor den

Bäumen und in diesem Licht so undeutlich zu sehen, daß es schien, als sei er aus Rauch. Er legte seinen Kopf zurück, wieder erdröhnte die Einsamkeit, und dann entschwand der Hund in den Wald und ward nicht mehr gesehen.

Noch lange nachdem das Geheul verklungen war, saß Albanac mit gesenktem Haupt und sprach kein Wort. Uthecar sah ihn an, rührte sich aber nicht, und Susan spürte die Last, die auf den beiden lag.

Albanac holte tief Luft. »Das Heulen Ossars«, sagte er. Doch während er noch sprach, füllte sich die Luft mit einem immer lauter werdenden Stampfen, und am Horizont erschienen sich bewegende Zacken, als ob aus der Heide eine Armee auftauchte: die Lios-Alfar, blanke Schwerter in den Händen, die Klingen flammengleich, kamen von Shinig Tor heruntergeritten.

Vom Schwung des Bergabreitens durcheinandergewirbelt, hielten sie an, sprachen aber kein Wort, nicht einmal untereinander.

»Wir sind gekommen«, sagte Atlendor zu Albanac. »Wo ist die Morrigan?«

»Wir haben sie zwar noch nicht gesehen, doch wird sie in der Nähe sein«, sagte Albanac. »Wir haben das Haus eben erst verlassen: es ist von Feuern umringt, die Umgebung frei, wenn auch an einer Seite sehr ungünstig für uns. Bodachs oder Palugs haben wir nicht entdeckt.«

»Die rieche ich«, sagte Atlendor. »Sie werden kommen. Aber gehen wir zum Haus und bereiten uns dort auf das Notwendige vor; denn ich rieche auch Blut.«

Sie ritten in Dreierreihen die Einfahrt hoch. Die Pferde gingen im Schritt, und die Schilde wurden bereitgehalten, da es inzwischen vollständig dunkel geworden war.

Einer solchen Menge war es unmöglich, sich dem Haus geräuschlos zu nähern, doch niemand sagte ein Wort oder machte eine Bewegung, die sich vermeiden ließ. Das Leuchten der Elfenschwerter in der klammen Luft bildete einen Schein, der sich kalt im ledernen Glanz der Rhododendronblätter spiegelte.

Als sie an die Weggabelung kamen, hob Albanac die Hand, um die Kolonne anzuhalten. Irgend etwas stimmte nicht; das empfanden alle. Dann jagten die Elfen los und nahmen die Kurve im Galopp. Das Haus lag im Dunkeln. Die Feuer, die sie vor wenigen Minuten verlassen hatten, waren erstickt worden: die Holzstapel standen schwarz um das Haus, und ein verkohlter, beißender Geruch hing bitter in der Luft.

17

Das Hexen-Mal

Die Elfen zögerten nicht. Sie stellten sich hintereinander auf, und im Handumdrehn hatten sie um das Haus einen Kordon gebildet, in dem abwechselnd einer nach innen und einer nach außen sah.
»Schnell jetzt!« brüllte Uthecar Albanac zu. »Wir brauchen Feuer!«
Er sprang von seinem Pferd und packte eine Handvoll totes Gras, aber die Luft war so mit Feuchtigkeit geladen, daß das Gras sich nicht leicht entzünden ließ, und je hastiger sie zu Werke gingen, desto ungeschickter wurden sie, und desto heftiger überkam sie das Gefühl der Gefahr. Doch als sie endlich ein Flämmchen zustande gebracht hatten, war das Holz schnell wieder angezündet, da es noch heiß war.
»Wind hätte es angefacht, nicht erstickt«, sagte Albanac. »Und Wasser hätte gequalmt. Dieses Holz ist trocken. Die Morrigan tut, was sie kann, ehe der Mond aufgeht.«
»Und das ist schon viel«, sagte Uthecar. »Wir brauchen Licht, da nicht alle hier mit Zwergenaugen ausgestattet sind, doch nimmt uns das jede Deckung, und wir müssen uns einzig auf unsere Hände verlassen.«
»Wir gewinnen damit mehr als wir einbüßen«, sagte Alba-

nac. »Warum sonst hat die Morrigan das Feuer erstickt? Vor Mondaufgang ist es ihr nicht möglich, mehr als Furcht und Schrecken unter uns zu verbreiten, und aus dem Bericht des Hirten möchte ich schließen, daß die Gestaltwechslerei ihr zur Zeit über die Kräfte geht. Irgendwo da draußen sitzt sie und wartet auf den Mond.«

»Tja, und was dann?« sagte Atlendor, der zu ihnen herübergeritten war. »Wir müssen unsere Stärke zeigen: so bleibt es uns vielleicht erspart, sie mit der ihren zu messen. Folge mir«, sagte er zu Susan, und sie ritten auf die Mitte des Rasens; dort hielt er an und hob Susans Hand über ihren Kopf.

Dies war das erste Mal, daß Susan sich ihres Armbands bewußt wurde, seit die Einherjar auf Shining Tor erschienen waren, und sie entdeckte verwirrt, daß sie das Machtwort nicht mehr lesen konnte. Die Schrift, die sich damals so deutlich von dem Metall abgehoben hatte, war jetzt wieder so unbegreiflich wie je zuvor.

Ein Elf nach dem anderen trat an Susan heran. Sie berührten das Armband mit ihren Pfeilen und ihren Schwertern, dann gingen sie an ihren Platz am Feuerring zurück. Als der letzte Elf seinen Posten wieder eingenommen hatte, schmerzte Susans Arm bis auf die Knochen, doch Atlendor hielt ihn noch immer hoch, und als der Kreis vollständig war, sprach er mit einer Stimme, die weit über das Licht hinaustönte: »Hier erwartet dich Unheil, und Plage dein Fleisch! Komm! Wir sind bereit!«

Nun schlug er sein Schwert an das Armband und ließ Susans Arm fallen. Doch während Atlendor dies tat, ächzte einer der Elfen an der steilen Felswand auf und rutschte über den Hals seines Pferdes zu Boden; zwischen seinen Schulterblättern steckte ein Speer.

»Ein Leben, um einen Menschen zu retten«, sagte Atlendor ruhig, doch ehe sich jemand regen konnte, ertönte vom Berg hinter den Ruinen eine Stimme.
»Wir kommen. Nur Geduld. Wir kommen.«
»Das ist die Morrigan!« sagte Susan.
»Wo ist sie, Hornhaut?« fragte Atlendor.
»Hinter den Büschen«, sagte Uthecar. »Ich kann sie nicht sehen.«
»Sollten wir uns nicht besser in das Gemäuer stellen?« fragte Susan. »Wir sitzen hier ja wie die Zielscheiben.«
»Und wenn dann der Mond aufgeht, ohne daß wir es merken, würden wir dann nicht von den Steinen zermalmt?« entgegnete Albanac. »Wenn wir uns an der Vorderseite des Hauses aufstellen, werden wir vor den Speeren sicher sein, da sie nur über den Berg dort dicht an uns herankommen.«
Die Lios-Alfar hatten sich alle nach außen gedreht. Diejenigen, die wie der getötete Elf ihre Kettenhemden noch nicht angelegt hatten, rollten jetzt hastig ihre Bündel auf. Susan, Uthecar und Albanac kauerten unterhalb des Rasens in der Nähe der Stelle, an der sich früher der Haupteingang des Hauses befunden hatte.
»Es ist gut, daß wir wissen, wo sie ist«, sagte Uthecar. »Meinst du, unsere Schwerter werden gegen ihre Magie gefeit sein, wenn wir sie gegen das Armband gehalten haben?«
»Wir werden nicht dadurch töten können«, sagte Albanac, »doch könnte seine Kraft die Wunden, die ein Schwert macht, infizieren und reizen, und außerdem werden die Pfeile sie wohl davon abhalten, durch Gestaltwechslerei in das Haus zu gelangen.«
»Falls das Haus bei Mondaufgang erscheinen sollte«, sagte

Uthecar, »werden Susan und ich Colin darin finden. Bleibe du hier an der Tür, Albanac.«

Sie durchwachten die Stunden bis zum Mondaufgang. Atlendor hütete die Feuer. Nichts regte sich, sie zu löschen – ganz im Gegenteil: sie schienen schneller zu brennen als Stechpalmen, und Atlendor hatte dafür zu sorgen, daß die Feuer immer weiter loderten; doch allmählich begann der Holzhaufen auf dem Rasen zu schrumpfen. Bei diesem Tempo würde er nicht mehr lange vorhalten. Atlendor hielt inne, als er gerade einen Ast in die Flammen werfen wollte. Die Morrigan hatte fast gewonnen. Er hastete umher, harkte die Feuer zusammen und opferte jedes zweite um der Stunden willen, die es noch dunkel bliebe. Danach schien die Morrigan bereit zu warten. Das Feuer brannte normal, kein Bodach warf einen Speer.

Lange bevor er sichtbar wurde, war der Mond aufgegangen, und dann schoß er hoch oben hinter einer Wolke hervor, ein häßlicher gelber Fladen, der da die Beobachter überraschte. Und obwohl er nur wenig Licht gab und nicht einmal die Feuer überstrahlen konnte, begannen die Ruinen, sobald er sie bestrich, wie in Hitzeflimmern zu glimmern und sich nach oben in ein Haus aufzulösen. Die Fenster verströmten ihren matten Glanz auf das Gras, in den Flammen entstanden weiße Flecken.

»Jetzt!« schrie Uthecar, und Susan und er stürzten die Böschung hoch und warfen sich mit ihrem ganzen Gewicht gegen die Tür. Sie schwang leicht auf, und die beiden stolperten über die Schwelle, und im Taumeln fuhr Susan ein Speer über den Kopf und sauste durch die Eingangshalle. Uthecar trat die Tür zu, und das Holz ratterte unter dem Anprall etlicher Stöße, die gleichzeitig dagegenkrachten; Bronzespitzen ragten wie Zähne daraus hervor. Aber die

Tür war zu, und während sie noch lärmend polterte, rannten Uthecar und Susan die Treppe hoch.
»Er wird dem Boden nicht nahe sein«, sagte Uthecar, »und wir müssen uns sputen, denn unbewacht wird er auch nicht sein, und das Feuer und unser Kommen kann niemand falsch deuten.«
Sie eilten von Zimmer zu Zimmer und stießen die Türen auf, doch alle waren leer. Das Haus scholl von ihrer Suche. Sie kamen ans Ende eines Flurs, und Susan wollte schon die Tür stürmen, als Uthecar ihr Einhalt gebot.
»Warte! Das gefällt mir nicht.«
Er wies auf die obere Türfüllung. Darauf war ein schwarzes Zeichen gemalt, und um dieses Zeichen waren sonderbare Schriftzeichen gruppiert.

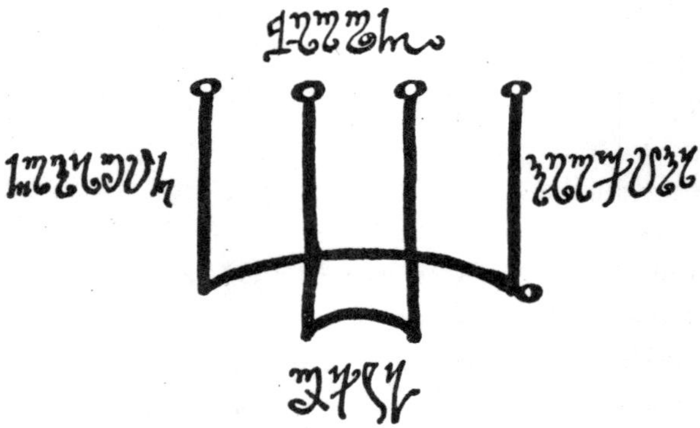

»Ein Hexen-Mal«, sagte Uthecar. »Komm weg.«
»Nein«, sagte Susan. »Das ist das erste, was wir gefunden haben. Ich werde nachsehen.«
Sie drückte behutsam die Klinke: die Tür ging auf und Susan trat in einen ungeheuren Raum. Er war so karg möbliert wie alle anderen, die sie in dem Haus gesehen hatte;

auf dem Boden aber befand sich ein Kreis mit einem Durchmesser von etwa sechs Metern. Er hatte einen doppelten Rand, um den ähnliche Zeichen wie die auf der Türfüllung angeordnet waren, und in dem Kreis war ein Rhombus, in dessen vier Ecken je ein sechszackiger Stern lag. In der Mitte des Rhombus stand eine gedrungene langhalsige Flasche, in der eine schwarze Substanz wallte, als ob sie koche, obwohl der Korken dick mit Wachs versiegelt war; in der Flasche schwammen zwei rote Lichtpunkte, immer gleich weit voneinander entfernt.

Susan ging auf den Kreis zu, und die roten Funken hielten in ihrem Treiben inne und schwebten reglos hinter der Glaswand. Susan spürte einen Zwang, die Flasche aufzunehmen, doch als sie an den Kreis trat, erfüllte sich der Raum mit einem Gesumm wie von surrenden Fliegen, und der Kreis begann zu rauchen. Sie zuckte zurück, und im selben Augenblick packte Uthecar sie bei der Schulter und zog sie aus dem Zimmer. Er knallte die Tür zu.

»Der Brollachan! Sie hat ihn dort eingeschlossen!«

»Das da?« sagte Susan. »Dann müssen wir verhindern, daß sie hier reinkommt, sonst läßt sie ihn los!«

»Nun wundert's mich nicht mehr, daß wir ihn nicht finden konnten«, sagte Uthecar.

Eine Tür am Ende des Flurs hatten sie noch nicht geöffnet. Sie war kleiner als die anderen, und von dort her hörten sie Schritte näherkommen.

»Zurück«, sagte Uthecar. »Mach den Schwertern Platz!« Er stellte sich breitbeinig hin, bereit zur Flucht oder zum Angriff. Die Schritte hielten ein, die Tür ging auf, und Uthecar stieß einen Freudenschrei aus, denn in der Tür stand, das Schwert in der Hand, starr vor Überraschung, Pelis der Falsche.

Uthecar stürzte sich auf ihn, aber Pelis war genauso schnell, und sein Schwert durchschlug die Tür, als sie vor Uthecars Nase zuflog. Er riß sie auf und rannte in den kurzen Gang dahinter. Am anderen Ende entschwand Pelis mit großen Sätzen eine Treppe hinauf.

»Nicht nachlaufen«, schrie Uthecar Susan zu. »Paß hier auf.«

Die Treppe war nicht lang, und oben befand sich eine einzige Tür. Pelis steckte einen Schlüssel in das Schloß, kam aber nicht mehr dazu, ihn umzudrehen, bevor Uthecar bei ihm war.

Pelis war kein Feigling. Ohne Schild stand er da, sein Schwert mit beiden Händen gepackt, den Rücken zur Tür, und kein Hieb oder Stoß Uthecars blieb unpariert oder unerwidert. Aber der Vorteil des Schildes begann sich auszuwirken, und Uthecar trieb Pelis von der Tür weg auf die Treppe, und nun mußte Pelis zurückweichen.

Susan hörte das Gekling des Eisens und das Keuchen, das von dem Treppenschacht verstärkt zu ihr drang, und sie versuchte daran zu glauben, daß sie sich dazu bringen könnte, von ihrem Schwert Gebrauch zu machen.

Als Uthecar und Pelis in Sicht kamen, preßte sie sich gegen die Wand und beobachtete das glitzernde Spiel der Klingen, wie sie mit einer grausamen Schönheit, die etwas von der Präzision eines Tanzes an sich hatte, um die Zwerge sausten und ruckten und blitzten.

»In das Zimmer oben«, jappte Uthecar, als er auf der untersten Stufe ankam.

Susan nickte und begann sich an dem Kampf vorbeizudrücken. Uthecar verstärkte seine Angriffe, doch selbst dann noch war Pelis in der Lage, einen tückischen Schlag nach Susan zu führen, als sie auf die Treppe zurannte. Sie

riß ihren Schild hoch, der Schlag prallte gegen den Rand und zog eine lange Kerbe in das Mauerwerk der Wand, traf sie jedoch nicht; dann war sie durch.
Susan besah den Schlüssel, der noch im Schloß steckte. Wollte Uthecar, daß sie die Tür aufmachte? Sie untersuchte das Holz, auf dem aber keine Zeichen oder Buchstaben zu sehen waren, und so drehte sie den Schlüssel herum und trat die Tür auf.
Es war eine Art Zelle; fensterlos und ungemütlich wie das ganze Haus; und an der Wand gegenüber stand Colin.

18

Ein schmerzhafter Schlag

Pelis der Falsche hieb nach Uthecars Schild. Er war schon an zwei Stellen durchlöchert, und wenn er ihn unbrauchbar machen könnte, hätte er eine größere Chance, seinen allmählichen Rückzug durch den Flur zu stoppen. Im Fechten war er Uthecar ebenbürtig, sein Nachteil aber machte eine Attacke nahezu unmöglich, und obwohl er Uthecars Deckung einmal überwand, hatte er ihm keine schwere Wunde beibringen können. Eine klaffende Wunde an seiner eigenen Schulter ließ zudem seine Kräfte schwinden. Das Mädchen allein wäre kein Hindernis, was die Waffen betraf, wenn er auch ihr Armband noch immer mit Mißtrauen betrachtete, doch zunächst mußte er so schnell wie möglich den Zwerg erledigen, sonst verlöre der ganze Kampf seinen Sinn.

Als er daher sah, wie Susan, Colin auf einen Arm gestützt, hinter Uthecar auftauchte, bewegte Pelis sich unverzüglich rückwärts auf die Treppe zu, die in die Eingangshalle hinunterführte. Er wußte, daß er nicht weit käme, wenn er sich umdrehen und laufen würde.

Am oberen Treppenabsatz angekommen, parierte er Uthecars Angriff auf eine so hinterhältige Weise, als ob ihm rapide die Kräfte schwänden, und wie er so seine Dekkung ein wenig vernachlässigte, glaubte Uthecar, nun sei der Augenblick gekommen, und ließ seinen Arm mit einem Schwung niedersausen, in den er sein ganzes Gewicht gelegt hatte; aber Pelis warf sich zur Seite, schwang sich übers Treppengeländer und ließ sich in die Halle fallen, indes Uthecar, aus dem Gleichgewicht geraten, hilflos die Treppe hinunterkollerte.

Pelis rannte nicht zum Ausgang, sondern zu einer anderen Tür, die aus der Halle führte. Er war schon durch und hatte die Tür hinter sich zugeworfen, ehe Uthecar sich wieder aufgerappelt hatte. Susan war als erste an der Tür, und als sie sie aufmachte, sah sie Pelis ganz kurz vor einem Fenster, das sich von der Decke bis zum Boden erstreckte; dahinter waren die Feuer auf dem Rasen zu sehen. Dann sprang der Zwerg gegen den Rahmen und verschwand hinter einer Kaskade aus splitterndem Glas.

»Komm zurück«, sagte Uthecar aus der Halle. »Wenn die Lios-Alfar ihn jetzt nicht erwischen, ist sein Leben gefeit. Gehen wir zur Eingangstür. Colin, kannst du laufen?«

»Ja«, sagte Colin. »Mir geht's gut. Ich habe bloß nichts zu essen oder zu trinken bekommen, seit ich hier bin, und am Anfang war ich ein bißchen benommen, aber das ist jetzt vorbei.«

»Hat man dir wehgetan?«

»Nein: sie haben mich bloß hier eingesperrt, dann waren sie weg. Ihr wißt ja wohl, daß das die Morrigan war.«

»Tja, wir sind ihr begegnet. Aber davon wirst du später hören. Susan, nimm Colin an der Hand, und wenn ich die Tür aufmache, lauft ihr dicht an der Wand entlang zu Albanac. Er wird irgendwo in der Nähe sein. Hütet euch vor freiem Gelände. Seid ihr bereit?« Er riß die Tür auf, dann schnappte er Susans Arm. »*Warte!*«

»Was ist los?« fragte Colin.
Uthecar gab keine Antwort, sondern rannte durch die Halle zu dem Zimmer, aus dem Pelis geflohen war, und als die Kinder ihm folgten, fanden sie ihn an dem zerborstenen Fenster stehen und in die Nacht hinausstarren, die so still und undurchdringlich war wie Bergwerkshöhlen.
»Der Mond ist verborgen«, sagte Uthecar.
»Aber das Haus ist doch nur da, wenn der Mond darauf scheint«, sagte Susan, »und es *ist* noch da.«
»Tja, aber was ist ›da‹?« meinte Uthecar. »Für das Tal hier ist das Haus ›da‹, wenn der abnehmende Mond darauf scheint, zu anderen Zeiten nicht; für das Haus aber ist das Tal nur ›da‹, wenn der Mond scheint. Und daher frage ich dich, was ist jetzt ›da draußen‹? Und die Antwort will ich gar nicht wissen. Warten wir, bis der Mond kommt, und dann so schnell wir können ab durch dieses Fenster.«
Während sie warteten, stellte Uthecar Colin Fragen, doch gab es nicht viel zu erzählen. Die Morrigan hatte nichts mit ihm getan; er war schnurstracks in das Zimmer oben gebracht und eingeschlossen worden.
»Deine Zeit wäre noch gekommen«, sagte Uthecar. »Susan war das eigentliche Ziel, durch dich wollten sie sie herlocken – und sie haben sie hergelockt, wenn auch nicht so, wie sie sich das gewünscht haben!«
»Aber warum hat Pelis nicht mich entführt, sondern Colin?« fragte Susan.
»Weil er nicht wußte, wie wenig von der Macht, die du besitzt, erst zum Vorschein gekommen ist: er konnte nicht wagen, dich mit Hilfe des Schwertes zu holen.«
»Warum macht er das alles?« fragte Colin. »Wir haben gar nicht lange überlegt, ob wir ihm trauen dürfen; schließlich war er doch ein Zwerg!«

»Ho! Ihr habt ja gute Gründe!« sagte Uthecar. »Warum bin *ich* hier, wenn nicht aus Mutwillen? Es liegt in der Natur der Zwerge, daß sie Schwierigkeiten suchen, und Freude macht ihnen der Kampf, nicht der Ausgang.«
Doch ehe er weitersprechen konnte, begann die Finsternis zu beben, verschwommene Lichter erschienen, die sich zu Feuern verdichteten, und mit dem Licht entstand Lärm – Hufgetrappel und Waffengeklirr.
Uthecar hielt seinen Schild vor sich und sprang durch das Fenster; die Kinder folgten hinter seinem Rücken, und die drei landeten auf einem Pfad zwischen dem Haus und dem Rasen. Uthecar kniete sich hinter seinen Schild und erkundete die Lage.
Die Elfen verteidigten ihren Kreis gegen Katzen und Kobolde. Wenn diese den Kreis an einer Stelle durchbrachen, wurden sie nicht verfolgt, sondern mit Pfeilen erlegt, und gemessen an den Leichen, die den Boden bedeckten, mußte der Kampf schon lange dauern.
Die Elfen waren mindestens zwei zu eins in der Minderheit, und die Katzen waren überall: sie peinigten die Pferde und töteten jeden Elf, der abgeworfen wurde.
Trotz ihrer Meinung von den Lios-Alfar mußte Susan ihren Mut und ihre Geschicklichkeit bewundern. Sie waren behende wie Falken, und doch bewegten sie sich mit aller Ruhe und ohne jedes Geschrei oder Gebrüll.
»Ich sehe Albanac nicht«, sagte Uthecar. »Suchen wir ihn.«
Sie liefen an die Ecke des Hauses und fanden Albanac vor dem Eingang Wache halten.
»Wie steht's?« fragte Uthecar.
»Sie haben mit dem Mond angegriffen«, sagte Albanac, »aber wir leisten ihnen Widerstand. Und ihr?«

»Colin ist hier, unverletzt«, sagte Uthecar. »Und da drinnen ist der Brollachan; wir müssen sie also weiter in Schach halten.«

»Der Brollachan?«

»Tja: eingeschlossen in einem Raum böser Magie.«

»Erzähl mir weiter, wenn Zeit zum Überlegen ist«, sagte Albanac. »Im Augenblick ist es mühsam genug, am Leben zu bleiben.«

Aber obwohl Albanac ihre Gefahr nicht übertrieben dargestellt hatte, flaute das Kampfgetümmel jetzt ab. Die Palugs besaßen wenig Ausdauer, und die Bodachs erkannten, daß sie den Schwung der Attacke verloren hatten und nur noch ihr Leben vergeudeten. Sie zogen sich in der Hoffnung zurück, die Lios-Alfar dadurch zu verleiten, ihnen zu folgen; was aber niemand tat.

»Diese Ruhe wird nicht anhalten«, sagte Albanac. »Colin, du brauchst Waffen, und ich fürchte, hier werden allzu viele für dich bereitliegen.«

Er ging über den Rasen, lief zwischen den Feuern hin und her, und als er zurückkam, brachte er ein Schwert und einen Schild mit, die genauso aussahen wie die, die Susan trug.

Colin befestigte den Schild an seinem Arm und wog das Schwert in seiner Hand.

»Denke daran«, sagte Uthecar, »diese Waffen sind für die Palug-Katzen bestimmt. Suche also keinen Händel mit einem Bodach.«

»Mit Gewehren wären wir viel besser dran«, sagte Colin.

»Ach ja?« sagte Uthecar. »Darin unterscheiden wir uns von den Menschen. Oh, du magst uns hier mitten im Getümmel sehen, doch wissen wir um den Preis eines jeden Toten, da wir denen, die wir ins Jenseits befördern, in die

Augen sehen; und das Blut an unsern Händen und jedes Töten ist für uns das erste. Ich sage dir, so empfindet man das Leben und seinen Wert wahrhaftig. Doch aus der Entfernung zu töten bedeutet, nichts zu wissen, und auf diese Weise zerstört der Mensch. In den Bogen der Lios-Alfar liegt vieles, was ihr Wesen erklärt, das nicht immer so war wie jetzt.«

Die letzten Worte von Uthecars unverblümter Rede wurden von einem Tumult übertönt, der von der Kurve der Einfahrt ausging und sich in der ganzen Schar ausbreitete. Anstatt aus allen Richtungen zugleich anzugreifen, hatten die Bodachs und Palugs auf der Einfahrt Stellung bezogen und kamen jetzt in geschlossenem Trupp angerückt. Sie hatten den Kreis durchbrochen und waren schon fast vor dem Haus, noch ehe irgend jemand merkte, was eigentlich geschah, aber die Elfen reagierten nun schnell und zogen sich dicht um die Mauern herum zusammen.

Jetzt brach ein verzweifelter Kampf aus, denn die Elfen konnten nicht mehr ausweichen, sondern mußten sich allein mit ihren Schwertern behaupten. Die Pferde bäumten sich auf und traten bösartig um sich.

Uthecar und Albanac verteidigten die Tür, die Kinder kämpften neben ihnen. Die Anweisung des Zwergs, nur die Palugs zu bekämpfen, war unmöglich zu befolgen, denn Katzen und Kobolde brodelten vor ihnen, und da Unterschiede zu machen, wäre tödlich gewesen.

Der schlimmste Augenblick für Colin und Susan war der gewesen, als der Angriff unmittelbar bevorstand, als sie wußten, daß sie jetzt ihre Schwerter hochreißen und auf Lebendiges niedersausen lassen mußten. Colin dachte an die Spiele seiner Kindheit. Die Klinge, die er jetzt führte, war wie Kalk, und die Schneide wie Tau. Doch als er die

Zähne und Klauen sah, die auf ihn und niemand anderen lossprangen, schlug er unwillkürlich zu, und danach hatte der Überlebenswille die Oberhand.

Die Bodachs stachen mit ihren Speeren und sprangen hoch, um mit ihren Krallenfüßen zuzuschlagen; und die Palugs brachten ihre Tücke in die Schlacht. Aber wieder zermürbte kalte Geduld die Raserei, und die Bodachs wichen zurück; die Elfen hielten mit dem Rückzug Schritt, bis der ursprüngliche Kreis wiederhergestellt war.

Albanac blieb mit den Kindern am Haus, und sie sanken erschöpft auf den Boden; Uthecar aber kämpfte noch immer mitten im Getümmel, und er bewegte sich an den Elfen vorbei bis ganz dicht an das Feuer heran; immer wenn sein Schild vom Gewicht der darin steckenden Speere zu schwer wurde, warf er ihn von sich und schnappte sich einen neuen; sie lagen ja haufenweise auf dem Rasen herum. Jetzt sah er aus, als habe er sich soweit abgekühlt, daß er zurückkäme; da stieß er plötzlich einen Schrei aus und starrte auf die Einfahrt.

»Du lebst also immer noch, und hältst dich brav aus dem Kampf heraus! Aber ich sehe dich! Mein Schwert wird lebendig bis zum Heft, wenn es dich sieht!«

»Komm zurück!« schrie Albanac. »Du mußt deinen Verstand bei den Berggeistern gelassen haben, wenn du glaubst, du wirst den nächsten Schritt nach vorn überleben!«

Aber Uthecar ließ das Schwert über seinem Kopf kreisen und sammelte sich zum Angriff.

»Weg da, ihr Bodachs! Macht Platz! Denn wenn ich auf euch stoßen sollte, werden eure gespaltenen Köpfe und Schädel zahlreich wie Hagelkörner und Grashalme auf der Wiese und Sterne am Himmel rollen, und eure Knochen

werde ich zerschmettern und übers ganze Gebirge verstreuen!«
Er stürzte sich aus dem Lichtkreis nach vorn und in ein wirres Durcheinander von Schreien und Klingengerassel.
»Er ist verrückt!« sagte Albanac. »Wenn sein Blut ein wenig abgekühlt ist, wird er sich weit weg wünschen, aber dann wird es zu spät sein.«
Der Lärm schien lauter als bei der Belagerung des Hauses – ein brüllendes, fauchendes Pandämonium, in dem kein einzelner Laut auszumachen war. Albanac bestieg Melynlas und ritt an den Rand des Kreises.
»Uthecar!«
»Ja!« Die Stimme war undeutlich.
»Wie steht's?«
»Hier – prasselt's – nur so – von Speeren – hier bei mir. Ich werde wohl – den Rückzug antreten müssen!«
»Ich komme dir zu Hilfe!« brüllte Albanac.
»Narr!« antwortete der Zwerg.
Aber Albanac ritt zum Haus zurück, drehte Melynlas um und sprengte dann in vollem Galopp die Einfahrt hoch. Am Rand der Finsternis kniete eine Reihe Bodachs, aber Melynlas stürzte auf sie los, und als sie auf dem Kies ihre Speere senkten, setzte er hoch und sicher über ihre Köpfe hinweg ins Mondlicht, das die Feuer den Kindern und Elfen unsichtbar machten. Alles, was die Kinder von den folgenden Ereignissen mitbekamen, waren die Geräusche, die zu ihnen drangen.
Und dann wuchs, schäumend und mit roten Hufen, Melynlas aus der Nacht. Hinter Albanac ritt Uthecar, der noch immer in die Luft hieb, während Albanac auf dem Hals seines Pferdes hing; in seiner Seite stak ein Schwert mit goldenem Griff.

19

Die Kinder Danus

Melynlas blieb stehen; Uthecar sprang ab und hob Albanac aus dem Sattel. Er sank dem Zwerg in die Arme und zog ihn von den Füßen, aber Atlendor kam an die andere Seite, und so schleppten sie ihn zwischen sich in den Schutz der Terrasse unterhalb des Rasens. Sachte zog Uthecar ihm das Schwert aus der Wunde.
Albanac schlug die Augen auf: sie waren blau und klar.
»Ich hatte gehofft, das würde nicht so früh in der Nacht passieren«, flüsterte er.
»Ruhe dich aus, bis die Schlacht zu Ende ist«, sagte Uthecar. »Dann wirst du in Sicherheit sein.«
»Das bin ich auch so«, sagte Albanac. »Hier – überall. Das Heulen Ossars: gegen seinen Ruf läßt sich nichts ausrichten.«
Eine Gruppe Elfen stieg von ihren Pferden; sie bildeten aus ihren Schwertern eine Trage und legten Albanac darauf.
»Wir werden uns um ihn kümmern«, sagte Atlendor, und sie trugen ihn zu einem geschützten Platz zwischen zwei Hausmauern. Colin und Susan wollten ihm nachgehen, aber Uthecar schüttelte den Kopf.
»Bei ihnen ist er besser aufgehoben«, sagte er. »Sie haben

Erfahrung in diesen Dingen, und wir werden hier gebraucht.«
Denn während er noch sprach, war durch das Buschwerk außerhalb des Kreises ein wieherndes Gelächter gefahren, verstärkt von Hohn- und Spottgeschrei, und als Uthecar zeigte, daß er dies vernommen habe, wandelte sich das Gelächter zu Schmähreden.
»Wenn das kein Beutezug war! Wie heißt es doch so trefflich: kein Eisen dient seinem Herrn so treu wie der Sporn! Hornhaut, wirst du mir wohl mein Schwert bringen?«
Es war erschreckend anzusehen, mit welch einem Haß Uthecar auf den Klang dieser Stimme reagierte. Er rannte zur Mitte des Rasens und rammte das goldene Schwert in den Boden.
»Dann komm doch ohne deine Bodachs, Pelis, Sohn Argads, und hole dein Schwert!« schrie er. »Ich gebe dir freies Geleit. Gehst du dann aber, und ich lebe noch, werden dir die Bogen der Lios-Alfar ein Ständchen bringen. Und bin ich tot, wird niemand deinen Abgang hindern. Hier ist dein Schwert! Hol's dir!«
Eine Minute war es still. Dann aber kamen Schritte die Einfahrt hoch, und eine schwarz-goldene Gestalt trat ins Licht und ging zwischen zwei von den Lios-Alfar hindurch, die ihn ansahen, aber nicht ihre Waffen gegen ihn erhoben. Er trug einen Schild, und er ging festen Schritts über das Gras.
Pelis der Falsche ergriff das Schwert, zerrte es aus dem Boden und stellte sich Uthecar wortlos gegenüber; auch Uthecar sagte nichts, und dann gingen sie wie zwei Kampfhähne aufeinander los. Die Luft erbebte bei ihrem Zusammenprall.
Uthecar griff wütend an, denn es schmerzte ihn, daß er die

Schuld an Albanacs Verwundung trug, und das suchte er mit Raserei zu übertäuben. Anfangs war der Vorteil auf seiner Seite, doch focht er mehr mit dem Herzen als mit dem Kopf, während Pelis nur dagegenhielt und seine Kräfte einteilte.

Und bald schwand Uthecars Leidenschaft und machte Müdigkeit Platz. Ihm wurden die Arme schwer, Krämpfe durchzuckten seine Muskeln, und Pelis der Falsche parierte weiterhin Schlag für Schlag. Und er wehrte Uthecar nicht nur ab: er hieb sein Schwert zur Seite, und nun erdröhnte Uthecars Schild. Er wich über den Rasen zurück, er fühlte sein Leben schwinden, und dann hatte Pelis seine Deckung überwunden, und die Klinge senkte sich ihm dicht über den Rippen in die Schulter.

Der Schmerz ließ alle Müdigkeit von Uthecar abfallen: er sah, daß, wenn er diesen Augenblick nicht nutzte, es keinen anderen mehr geben würde. Er schleuderte den Schild fort und sprang mit einem wirbelnden Lachssprung hoch über Pelis in die Luft und landete auf seinem Arm. Das Schwert durchbohrte Pelis bis zum Heft, und die beiden Zwerge krachten zusammen – der eine ohnmächtig, der andre tot.

Colin und Susan hatten vom Rand des Rasens aus zugesehen, jetzt liefen sie hin, hoben Uthecar auf und trugen ihn zurück an die Mauer. Colin riß Uthecars Umhang in Streifen, während Susan so gut sie konnte seine Wunde reinigte.

»Habe ich getötet?« fragte Uthecar.

»Ja«, sagte Colin.

»Ein Wunder, daß nicht ich dort liege, schwarz im Licht«, sagte Uthecar. »Solche Überstürztheit hätte das verdient. Seid ihr verletzt?«

»Nur Kratzer«, sagte Susan.
»Und Albanac?«
»Ich weiß nicht.«
»Seht nach, wie es ihm geht. Aber seid vorsichtig«, sagte Uthecar.
Colin und Susan gingen an der Hauswand entlang auf die Ecke zu, zu der die Elfen Albanac getragen hatten, aber sie waren noch nicht weit gekommen, als sie etwas hörten, das sie wie angewurzelt stehenbleiben ließ – ganz nah beim Haus, direkt vor ihnen, heulte ein Hund. Die Töne stiegen und fielen mit einer Trübsal, die die Gedanken der Kinder mit Träumen überschwemmte: sie glaubten eine hohe Felslandschaft zu sehen, rote Berge ragten daraus hervor, in Talmulden schimmerte Wasser im schwindenden Licht, Regenschleier trieben über den Gipfeln, und ganz hinten in den leeren Weiten glänzte kalt das Meer. Die Stimme verhallte in diesen Weiten wie ein Echo, und dann entschritt Atlendor den Schatten des Hauses und kam den Kindern entgegen.
»Albanac ist nicht hier«, sagte er.
»Nicht hier?« sagte Colin. »Aber er war schwer verwundet. Wo ist er?« – »Er ist seine Wunde heilen gegangen: er wird wiederkommen.«
»Warum hat er uns denn nichts gesagt?« fragte Susan.
»Dazu war keine Zeit: er wurde gerufen: so geht es den Kindern Danus immer, denn es ist ihr Schicksal, nie das Ende von dem zu erleben, was sie unternehmen. Sie helfen, dürfen aber nicht verharren.«
»Wann wird er zurückkommen?« fragte Colin.
»Die Kinder Danus sind selten lange fort«, sagte Atlendor. »Und wir werden jetzt gehen. Ich habe mein Wort gehalten: reiten wir.«

»Wir können noch nicht gehen!« sagte Susan. »Was ist denn mit der Morrigan? Und der Brollachan ist auch noch da drin – wenn sie den freiläßt – wer weiß, was dann noch alles passiert!«

»Mein Versprechen ist mich wahrlich teuer genug zu stehen gekommen«, sagte Atlendor. Er sah Colin an. »Ein Leben um den Preis von dreißig: mehr soll es nicht kosten. Wir reiten. Macht euch bereit.«

Atlendor wandte sich ab und ging zu der Hausecke zurück, wo noch immer die Elfen kauerten, die Albanac getragen hatten.

»Wie *kann* er das alles nur einfach so verlassen?« rief Susan. »Das ist gefährlich, wir dürfen die Morrigan nicht in das Haus lassen. Merkt er das denn nicht?«

»Aber er hat recht«, sagte Colin. »Du kannst nicht von ihm verlangen, daß er noch mehr opfert für etwas, das ihn nichts angeht.«

»Geht's ihn nichts an?« staunte Susan.

Als sie wieder zu Uthecar kamen, fanden sie Melynlas schützend über ihm stehen. Als das Pferd die Kinder erblickte, stellte es die Ohren auf und drängte sein Maul an Colins Schulter.

»Wie geht's ihm?« fragte Uthecar.

»Wir haben ihn nicht gesehen«, sagte Colin. »Angeblich ist er gegangen. Und die Elfen gehen auch.«

»Er wußte, daß es diese Nacht sein würde«, sagte Uthecar. »Uns stand es nicht zu, ihn zu halten.«

»Aber wie kann er jetzt nur gehen?« sagte Colin. »Warum hat er sein Pferd hiergelassen?«

»Er braucht es nicht«, sagte Uthecar. »Ihr mögt ihn schlicht für einen seltsamen Mann gehalten haben, aber Albanac war mehr als das: er gehörte zu den Kindern Danus, die dieses Land besiedelten, als es noch grün war. Sie waren die besten aller Menschen.«

»Ist er tot?« fragte Colin.

»Nicht in eurem Sinne«, sagte Uthecar. »Man könnte eher sagen, er hat sein Leben in dieser Welt gewechselt. Die Kinder Danus sind uns nie fern, all ihre Tage verbringen sie für unsere Sache, doch sind sie dazu verurteilt, daß sie nie die Erfüllung ihrer Arbeit sehen sollen, da sonst das Gold ihres Wesens beschlagen und ihre Macht sich egoistischen Zielen zuwenden könnte. Wenn ihr Abschied naht, erscheint ihnen der Hund von Conaire, wie ihr gehört und gesehen habt. Das Heulen Ossars liegt wie ein Schatten über ihrem Leben.«

»Ich kann es nicht glauben«, sagte Colin. »Das macht doch alles so sinnlos.«

»Er hat nichts anderes erwartet«, sagte Uthecar, »und Trauer fand keinen Platz in ihm. Er wird wiederkommen. Aber was habt ihr von den Elfen gesagt? Gehen die denn auch?«

»Sie reiten fort,«, sagte Susan.

»Dann halte ich um so mehr von ihnen«, sagte Uthecar.

»Ihr?« sagte Susan. »Was ist denn mit euch allen los? Ihr dürft doch die Morrigan nicht gewinnen lassen!«

»Kann ich sie aufhalten?« sagte Uthecar. »Hört mir zu. Wir haben Colin, und mehr können wir nicht tun, da der Brollachan durch Magie in seinem Zirkel festgebannt ist. Wir haben viele Bodachs getötet und die Palugs in die Flucht geschlagen. Als ich dort draußen kämpfte, sah ich überhaupt nur ein Dutzend von ihnen, und wenn die erschöpft sind, muß die Morrigan notgedrungen selber herkommen, und dann hält mich hier nichts mehr. Ich schäme mich nicht, Angst vor ihr zu haben. Verwundet wie ich bin, sind mir aber auch die Bodachs nicht lieb, und ebensowenig reiße ich mich um den Tod und seine gräßlichen Qualen und die Stiche blauer Klingen.«

»Dann bleibe ich eben alleine hier«, sagte Susan.

»Das wirst du nicht«, sagte Uthecar und begann sich einen Weg über den Rasen zu bahnen, dorthin, wo Pelis gefallen war. Er kam mit seinem Schwert zurück.

Die Lios-Alfar lösten den Kreis auf und bildeten eine Marschkolonne; die auf ihre Sättel gebundenen Verwundeten nahmen sie in die Mitte.

»Woher wußten sie, daß sie gehen würden?« fragte Colin. »Außer Atlendor habe ich noch keinen von ihnen sprechen hören.«

»Dies ist eine ihrer merkwürdigen Eigenschaften«, sagte Uthecar. »Sie verständigen sich mit ihren Gedanken, und aus ihren Blicken zu schließen, hören sie etwas, das mir nicht über die Lippen kommen soll.«

Widerstrebend stieg Susan auf. Colin ritt auf Melynlas, der ihn offenbar akzeptiert hatte, und gemeinsam mit Uthecar schlossen sie sich nun auch der davonreitenden Kolonne der Elfen an.

Die Feuer verloschen, da niemand sich um sie kümmerte; der Boden war kaum passierbar vor Leichen und zersplitterten Waffen; harrend stand das Haus.

Susan blickte sich nochmals auf dem Schauplatz ihres Versagens um: und sie sah das Ganze jetzt so: zunächst einmal war Colin ihr einziges Motiv gewesen; um seinetwillen hatte sie sich den unmöglichsten Dingen entgegengestellt; jetzt aber spürte sie, daß er nur der erste Teil der ihr gestellten Aufgabe gewesen war, die sie unerledigt liegen lassen sollte.

Die Lios-Alfar galoppierten die Einfahrt hoch; ohne ihre

Schwerter und Uthecars Zwergenaugen hätten sie ihr Tempo nicht beibehalten können, und die Speere, die ihnen entgegenflogen, hätten mehr von ihnen dahingerafft. So aber waren es nur drei Pferde, die ohne ihre Reiter das offene Gelände erreichten.

20

Der letzte Ritt

Die Lios-Alfar ritten mit der Geschwindigkeit eines Märzsturmes nach Shining Tor, denn der Mond schien unbehindert, und sie waren dieses Licht gewöhnt. Sie waren aber noch nicht weit den Hang hinaufgeritten, da konnte Susan das Gefühl, sie tue Unrecht, nicht mehr aushalten.

»Wartet!« rief sie.

Die Elfen hielten an, und ihre Augen waren auf sie gerichtet.

»Wir müssen zurück. So werden wir nicht sicher sein. Wir dürfen die Morrigan auf keinen Fall in das Haus lassen.«

»Dazu sind wir nicht verpflichtet«, sagte Atlendor. »Komm.«

»Uthecar, werdet Ihr mich begleiten?«

»Ich beherrsche einzig das Schwert«, sagte Uthecar. »Und diese Kunst ist mir jetzt versagt, und ich fürchte die Morrigan mehr als jede Schande. Komm weg von hier.«

»Colin?«

»Was hast du nur, Sue? Du weißt doch, daß wir nicht mehr tun können.«

»Na schön«, sagte Susan; sie trieb ihr Pferd an und jagte nach Errwood hinunter.

»Susan!« rief Uthecar.

»Sie wird umkehren, wenn sie sieht, daß wir nicht folgen«, sagte Colin.
Aber Susan sah sich nicht einmal um. Sie erreichte den runden Hügel am oberen Ende des Tals, und anstatt rechts um den Hügel herum über die Einfahrt zu reiten, näherte sie sich dem Haus über den schmalen Fußweg links davon.
»Sie wird reingehen!« schrie Colin, und er gab Melynlas die Sporen, um ihr nachzureiten. Melynlas aber rührte sich nicht. Je mehr Colin sich abmühte, desto mehr ignorierte er ihn. Das war nicht der übliche Eigensinn eines Pferdes: denn es war ruhig und fromm: aber laufen wollte es nicht.
Colin sprang ins Heidekraut und rannte los. Fluchend versuchte Uthecar ihm zu folgen, aber Melynlas trat nach seinem Pferd aus und bleckte die Zähne, so daß es sich nicht zu rühren wagte; und Uthecar wußte, daß er zu schwach war, um seinen Beinen vertrauen zu können. Die Lios-Alfar saßen reglos.
Der Pfad war überwachsen und schlüpfrig, tief unten floß der Bach übers Gestein. Zweige peitschten Susan ins Gesicht, doch das war gar nichts gegen die Kälte, die ihr Handgelenk versengte.
Der Pfad endete. Sie befand sich vor dem Haus, und in der Einfahrt stand, unförmig in ihren Gewändern, umringt von Bodachs und Palugs, die Morrigan.
Susan zog die Zügel; bei ihrem Anblick schrien die Bodachs und Palugs auf, denn für sie war sie verwandelt; bebenden Herzens entflohen sie. Doch auf die Morrigan wirkte der Zauber des Armbandes nicht. Sie hob eine Hand.
Nun spürte Susan das ganze Ausmaß ihrer Gefahr: sie sah in Augen, die leuchteten wie die einer Eule, und schwarz

wirbelte es in ihren Tiefen. Der Mond verlieh der Morrigan solche Macht, daß auf ihr Handzeichen hin selbst das Rauschen des Baches erstarb; und die Luft war klamm vor Angst.

»Vermias! Eslevor! Frangam! Beldor!«

Aus der Hand der Morrigan schoß ein schwarzer Blitz auf Susan zu; sie riß einen Arm hoch, um sich zu schützen: und dabei sah sie wieder das Machtwort deutlich über dem Amulett stehen, und obwohl es nicht dasselbe Wort war, das sie auf Shining Tor gesehen hatte, sprach sie es mit allem Nachdruck aus: »HURANDOS!«

Und aus dem Amulett sprang eine Feuerlanze, die auf halbem Weg mit dem Schwarzblitz der Morrigan zusammentraf. Prasselnd und wie Schlangen einander umringend umklammerten sich die beiden Mächte.

»Salibat! Reterrem!«

Der Schwarzblitz riffelte sich, schwoll an und schob den Weißen langsam auf Susans Handgelenk zurück.

Sie stellte sich in den Steigbügeln auf, und die Worte fielen von ihren Lippen, ohne daß sie das Armband ansah – Worte, die sie nicht kannte, die sie noch nie gehört hatte.

»– Per sedem Baldery et per gratiam tuam habuisti –«

Das Licht erstrahlte wieder, doch die Morrigan schlug zurück, und Susan fühlte ihre Kräfte schwinden: die Schwärze tappte nach ihr wie ein Tentakel. »Ich will nicht. Warum gerade ich?« Und dann hatte die Macht der Morrigan sie überwunden. Susan flog in hohem Bogen von ihrem Pferd ins Nichts.

Als Susan die Augen aufschlug, stand die Morrigan mit dem Rücken zu ihr, dem Haus zugekehrt. Die Morrigan war sich ihrer Kunst zu sicher gewesen, hatte Susans Armband zu mißfällig betrachtet, und was sie hätte vernichten sollen, hatte sie nur betäubt. Aber Susan spürte, daß sie nichts mehr tun konnte; sie hatte es versucht, und sie hatte versagt. Nun war es ihre Aufgabe, Cadellin oder Angharad Goldenhand zu warnen. Sollten sie damit fertig werden.

»*Besticitium consolatio veni ad me vertat Creon, Creon, Creon, cantor laudem omnipotentis et non commentur* –« sang die Morrigan tonlos und mit ausgebreiteten Armen. »– *Principiem da montem et inimicos o prostantis vobis* –« Susan kroch zu ihrem Pferd, das dastand wie mesmerisiert, und sie kam an, als die Stimme der Morrigan ihren Höhepunkt erreichte. »– *Passium sincisibus. Fiat! Fiat! Fiat!*«

Im Haus entstand donnernder Lärm, aus einem der oberen Fenster begann Rauch zu strömen, und dann krachte die ganze Vorderseite heraus, eine Wolke schwappte aus dem Haus, und in dieser Wolke schwammen zwei rote Lichter. Susan zauderte nicht. Sie schwang sich mühsam auf ihr Pferd, das unter ihr wieder lebendig wurde, und als sie davonsprengte, hörte sie die Morrigan aufschreien; dann hatte sie die Kurve hinter sich und war auf dem Pfad über dem Bach.

Hoch wuchs der Brollachan über Errwood, die ihm eigene Macht noch verstärkt vom Mond und dem Einfluß seiner Hüterin. Er sah die Reiterin im Tal und die Elfen auf dem Berg, und er beugte sich nieder, um ihnen die langen Jahrhunderte der Gefangenschaft, die er ihnen zu verdanken hatte, heimzuzahlen.

Susan fühlte den Himmel über sich schwarz werden: sie blickte nach oben und sah nichts als Nacht. Sie hob das Amulett von Fohla empor, doch sein Silberschein war getrübt, und kein Wort erschien darauf; sie konnte nichts se-

hen; die Luft pochte im Rhythmus ihres Bluts, die Nacht schwamm ihr ins Gehirn; die Welt trieb davon. Und dann hörte Susan eine drängende Stimme, die Stimme von Angharad Goldenhand; sie schrie: »Das Horn mit dem goldenen Kranz um die Stürze! Alles andere ist verloren!«
Susan zerrte mit widerspenstigen Fingern an ihrem Gürtel und setzte das Horn an ihre Lippen.

Sein Ton war Musik, wie Wind in Eishöhlen, und von fern her aus dem Wind kam Hufgetrappel, und Stimmen ertönten: »Wir reiten! Wir reiten!« und die Finsternis zerschmolz. Neben ihrem Steigbügel stand ein Mann, aus dessen Stirn ein mächtiges, stolzes Geweih wuchs; und überall um sie her brausten rote, blaue, weiße und schwarze Mäntel, flatterten Mähnen. Sie wurde von ihnen emporgewirbelt wie Spreu.

Und in der Ferne, wie über einem Feld, sah sie neun Frauen, die Falken auf den Armen trugen und Hunde an Leinen führten; sie kamen ihr entgegen, und Freude überhob Susan aller Gedanken bis auf einen: die Erinnerung an Celemon, die Tochter von Cei, welche die Bitterkeit der Mothan von ihr vertrieben hatte.

Sie spornte ihr Pferd zu schnellerem Lauf dem Willkommen entgegen, das durch die Nacht sang und die Reiter aus ihrer Gefangenschaft in den finstren Höhlen holte, aber wieder ertönte Angharads Stimme.

»Laßt sie! Ihre Zeit kommt erst noch! Sie ist noch nicht soweit!«

Und der Jäger nahm seine Hand von Susan und entfernte sich langsam, ganz gleich, wie Susan auch reiten mochte. Es war, als erwache sie aus einem Traum einer endlich erfüllten Sehnsucht in den kalten Morgen einer Welt, deren Leere unerträglich war. Stärker als der Wille zum Leben

war der Wunsch, an dem Triumph teilzunehmen, der sie von allen Seiten umgab.
Die Einherjar verblaßten, ihre Gestalten verflüchtigten sich zu Luft und Licht, und sie ließen von ihr und stiegen in den Himmel auf.
»Celemon!«
Doch Susan blieb wie Schlacke auf dem Berg zurück, und von den sich zusammenziehenden Umrissen der Sterne drang eine Stimme zu ihr: »Es ist noch nicht soweit! Es wird geschehen! Aber noch nicht!« Und das Feuer verlosch in Susan; sie war allein im Moor, Nachtwind im Gesicht, Freude und Schmerz in ihrem Herzen.

*

Colin war kurz vor dem Berg, als er den Brollachan genau in dem Augenblick über die Baumwipfel wachsen sah, als Susan aus dem Tal auftauchte; hilflos sah er zu.
Der Brollachan ragte über den Berg und holte Susan so schnell ein, daß es aussah, als ob sie rückwärtsgaloppierte. Die Wolke stieg hoch und bildete eine windhosenartige Peitsche, die tief über Susans Kopf hinschwang und dann zuschlug. Die ganze Masse des Brollachan ergoß sich in diesen einen Punkt, ein betäubendes Krachen warf Colin zu Boden, und der Teil des Berges, wo Susan ins Wasser geschleudert worden war, stürzte ein, und darüber schwebte der Brollachan.
Doch als sein Kopf sich aufklärte, hörte Colin etwas anderes, eine so schöne Musik, daß er sie nie mehr vergessen konnte; ein Horn erklang wie Mondlicht auf Schnee, ein anderes antwortete ihm von den Grenzen des Himmels; und silberne Blitze durchzuckten den Brollachan, und er hörte Rufe und Stimmen, die riefen: »Wir reiten! Wir rei-

ten!«, und die ganze Wolke strahlte silbern, so daß er gar nicht hinsehen konnte.
Die Hufschläge kamen näher, die Erde erbebte. Er schlug die Augen auf. Die Wolke raste jetzt über den Boden hin, löste sich in glänzende Formen auf, die leise rauschend sich zu Strängen von Sternenlichtern verdichteten und zu Reitern wurden; und erhaben an ihrer Spitze ritt sonnengleich der Geweihgekrönte.
Doch als sie über das Tal kamen, blieb einer der Reiter zurück, und Colin sah, daß es Susan war. Sie verlor an Boden, obwohl sie nicht langsamer ritt. Das Licht, das sie umgeben hatte, erlosch, und an seiner Stelle erschien eine kleinere, körperhafte Gestalt: verloren stand sie in der weißen Gischt der Reiter.
Die Reiter stiegen vom Berg in die Lüfte, wuchsen riesenhaft am Firmament, und neun Frauen, die Haare wie Wind, kamen ihnen entgegen. Und zusammen ritten sie fort über die Nacht, über die Meereswogen und hinter die Inseln, und die Alte Magie war für immer befreit. Es war Neumond.

Nachbemerkung

Diese letzten Seiten haben mit der Geschichte wenig zu tun, und drängte es mich nicht, manche Schuld abzutragen, wäre mir nichts lieber, als wenn sie ungelesen blieben. Es haben aber so viele Menschen ihr Interesse am Hintergrund dieses Buches bekundet, daß eine Art Anhang gerechtfertigt erscheinen mag.

Zunächst einmal: sämtliche hier erwähnten Örtlichkeiten – mit Ausnahme Fundindelves – gibt es wirklich, wenn ich auch mit einigen Ortsnamen etwas gespielt habe.

Auch die Bestandteile der Erzählung sind wahr, das heißt, so wahr, wie ich sie darstellen konnte. Die Zaubersprüche sind echt (obgleich unvollständig: man kann ja nie wissen), die Namen ebenfalls, auch wenn die Figuren erfunden sind. Erfundene Namen klingen falsch, doch finden sich in der keltischen Literatur zahlreiche Aufzählungen von Leuten, die in verschollenen Geschichten eine Rolle gespielt haben könnten, und hier kann man Namen ausgraben, die authentisch, aber frei von weitergehenden Assoziationen sind. Die meisten Wesen und Elemente dieses Buches lassen sich in der einen oder anderen Form in überlieferten Sagen wiederfinden. Ich habe sie lediglich meinen Absichten angepaßt.

Zum Beispiel: die *Einherjar* sind in der skandinavischen Mythologie die Leibwächter der Götter; *Herlathing* ist die alte englische Form der Wilden Jagd, und *Garanhir,* der »Stolzierende«, ist einer der vielen Namen ihres Anführers (Herne, King Herla, Wild Edric, Gabriel, ja sogar Sir Francis Drake sind weitere seiner Namen). Mir schien jedoch die Wilde Jagd eng mit dem Mythenkreis von Ulster verflochten, und so habe ich die Herlathing im Stil der Blutrünstigkeit früher irischer Sagas dargestellt.

Auf diese Weise ist der größte Teil des Buches entstanden. Je mehr ich lerne, desto mehr bin ich davon überzeugt, daß es so etwas wie originelle Geschichten gar nicht gibt. Etliche Male habe ich eine Begebenheit »erfunden«, um schließlich in einem obskuren Fragment einer Sage von den Hebriden wieder darauf zu stoßen – in einem vor hundert Jahren aus mündlichen Überlieferungen zusammengestellten Privatdruck.

Originalität bedeutet heute das persönliche Einfärben von bereits existierenden Motiven, und deren bietet die britische Sagenwelt eine reichhaltige Fülle. Doch eben dieser Reichtum macht dem Nicht-Fachgelehrten den Zugang zu etwelchem Verständnis der Bilder und Episoden nahezu unmöglich, und in dieser Hinsicht waren mir die folgenden Quellen bei meinen eigenen sprunghaften Forschungen von unschätzbarem Wert:

The Destruction of Da Derga's Hostel: Ins Englische übers. v. Whitley Stokes, Paris 1902. (Deutsche Übersetzung v. R. Thurneysen, Sagen aus dem alten Irland, Berlin 1901)

Popular Tales of the West Highlands: J. F. Campbell, Alexander Gardner, 1890

Carmina Gadelica: A. Carmichael, Oliver and Boyd, 1929
Silva Gadelica: S. H. O'Grady, Williams and Norgate, 1892
The Black Book of Caermarthen, The Red Book of Hergest, The Book of Aneurin, und The Book of Taliessin: Ins Englische übers. v. W. F. Skene, Edmonston and Douglas, 1868
The Mabinogion: Ins Englische übers. v. Gwyn Jones und Thomas Jonas, Everyman's Library, No. 97, 1949. (Deutsche Übersetzung v. Frederik Hetmann, Märchen aus Wales, Köln 1982)
The God of the Witches: M. Murray, Faber and Faber, 1952
The White Goddess: Robert Graves, Faber and Faber, 3. ed, 1952 (Deutsche Übersetzung v. Thomas Lindquist, Die weiße Göttin, Berlin 1981)
The Old Straight Track: A. Watkins, Methuen, 1925

Dieses letztere Buch, das die Behauptung aufstellt, der Mensch der Vorzeit habe sich eines Systems von langen, geraden Pfaden bedient, die mit Felsen, Steinhaufen und Baken gekennzeichnet worden seien, steckt voller romantischer archäologischer und folkloristischer Materialien. Die Zaubersprüche und manches mehr finden sich in magischen Manuskripten in:

British Museum: Sloane 213, 3826, 3853, 2731, 3648, 3884, 3850.
Bodleian: Bd. MS. Rawl. D. 253; MS. Bod. e. Mus. 243; MS. Bod. Rawl. D. 252; Bod. MS. Ashmole 1406.

Die Orte, die in der Erzählung von Zwergen und Elfen bewohnt werden, wurden mit ihren alten Namen bezeichnet. *Talebolion* ist Angelsey; *Sinadon* = Snowdonia; *Dinsel* = Cornwall; *Prydein* = Nord-Schottland. *Minith Bannawg* habe ich als die Grampians (Gebirge in Schottland) aufgefaßt; allerdings könnte damit auch eine Gegend gemeint gewesen sein, die heute ein Vorort Glasgows ist. *Fohla* ist der Name der Frau von MacCecht, einem der mythischen Könige Irlands. Sie ist eine Erscheinungsform der Dreifachen Mondgöttin.

Mit langwierigen Namenslisten läßt sich hilfreichen Menschen schlecht danken, und Lesern bedeuten sie nichts. Ich lasse sie also hier weg. Danken will ich aber dem *Stockport Adviser* für die freundliche Abdruckgenehmigung des Artikels auf Seite 11 sowie Joshua Rowbothan Birtles aus Over Alderley für die Gelassenheit, mit der er die Art und Weise aufgenommen hat, in der ich ihn als Gowther Mossock, rein und unverfälscht, in das Buch gesteckt habe.

A. G.

Alan Garner · Feuerfrost

»Früh am Morgen eines stillen Oktobertags lang hergewesener Zeiten ritt ein Bauer aus Mobberley über den Alderley-Berg zum Markt nach Macclesfield.
Es war ein trüber, aber milder Morgen; leichter Nebel verschleierte seinen Weg; der Wald lag stumm; ein schöner Tag kündete sich an. Der Bauer war guter Dinge, und er ließ sein Pferd, eine milchweiße Stute, frei laufen – denn er wollte, daß es frisch auf dem Markt anlange. Heut abend würde ein reicher Mann nach Mobberley zurückwandern.
Und so, mit seinen Gedanken schon in der Stadt, während er noch auf dem Hügel war, kam der Bauer an einen Ort, der das Diebsloch genannt wurde. Hier blieb das Pferd stehen und wollte weder Sporen noch Zügel mehr gehorchen. Wohl wußte es, was Sporen und Zügel, was seines Herrn strenge Befehle sagen wollten, doch waren die Augen, die es bannten, stärker als all dies. Mitten auf dem Pfad, wo vorher gewiß niemand gewesen, stand ein alter, großgewachsener Mann mit langem Haar und langem Bart.
›Ihr wollt diese Stute verkaufen‹, sagte er. ›Ich bin hier, sie Euch abzukaufen. Welchen Preis verlangt Ihr?‹
Der Bauer aber wollte nur auf dem Markt verkaufen, wo er

unter vielen Angeboten würde wählen können; daher er barsch den Fremden hieß, den Weg freizugeben und ihn vorbeizulassen; denn wenn er noch länger hier verweile, käme er zum Markt zu spät.

›So geht Eures Wegs‹, sagte der Alte. ›Niemand wird kaufen. Und ich werde Euch hier bei Sonnenuntergang erwarten.‹

Im nächsten Augenblick war er verschwunden, und der Bauer wußte nicht zu sagen, wie und wohin.

Der Tag war warm, die Schenke kühl, und alle, die die Stute sahen, waren sich einig, sie sei ein prächtiges Tier, der Stolz von Cheshire, eine Königin unter den Pferden; und jedermann sagte, kein schöneres Tier sei diesen Tag in der Stadt. Doch niemand machte ein Kaufangebot. Als der Himmel sich im Westen rötete, ritt ein müder Bauer mit mürrischer Miene aus Macclesfield davon.

Am Diebsloch wollte die Stute nicht mehr weiter: vor ihnen stand der Fremde. Da dem Bauern jeder Preis besser als gar keiner dünkte, stimmte er nun dem Handel zu.

›Wieviel möchtet Ihr geben?‹ fragte er.

›Genug. Nun kommt mit mir.‹

Sie zogen vorbei an Seven Firs und Goldenstone, nach Stormy Point und Saddlebole. Und dann machten sie Halt vor einem starken Felsblock, der im Hang des Hügels lag. Der Alte hob seinen Stab und rührte damit leicht an den Felsen, der sich darauf mit Donnerlärmen öffnete.

Der Bauer fiel darob von seinem scheuenden Pferd und flehten den andern auf Knien an, Gnade mit ihm walten und ihn unversehrt ziehen zu lassen. Das Pferd solle nur bleiben, er begehre es nicht, komme er nur mit seinem Lebens davon.

Der Zauberer, denn ein solcher war er, gebot dem Bauern

aufzustehen. ›Ich verspreche Euch sicheres Geleit‹, sagte er. ›Habt keine Furcht; Ihr sollt hier wirkliche Wunder zu sehen bekommen ...‹«

So beginnt Alan Garner »Feuerfrost«, ein Fantasy-Roman von knisternder Spannung, in dem die Geschichte von Susan und Colin ihren Anfang nimmt. Es geht um den Zauberstein von Brisingamen, um 139 schlafende Ritter, um die Hexe Morrigan, den Fenrirwolf, das kleine Volk der Svarts – und um die unergründlichen Wälder und Seen Cheshires.

»Die wunderbar beflügelnde Kraft der Erfindung. Magischer Widerhall. In diesem brandneuen Buch steckt etwas vom Besten aus alter Zeit« *(Times Literary Supplement)*.

ALAN GARNER

Feuerfrost.

Die phantastische Geschichte des Zaubersteins von Brisingamen.

Übersetzt von Werner Schmitz.

Eugen Diederichs Verlag

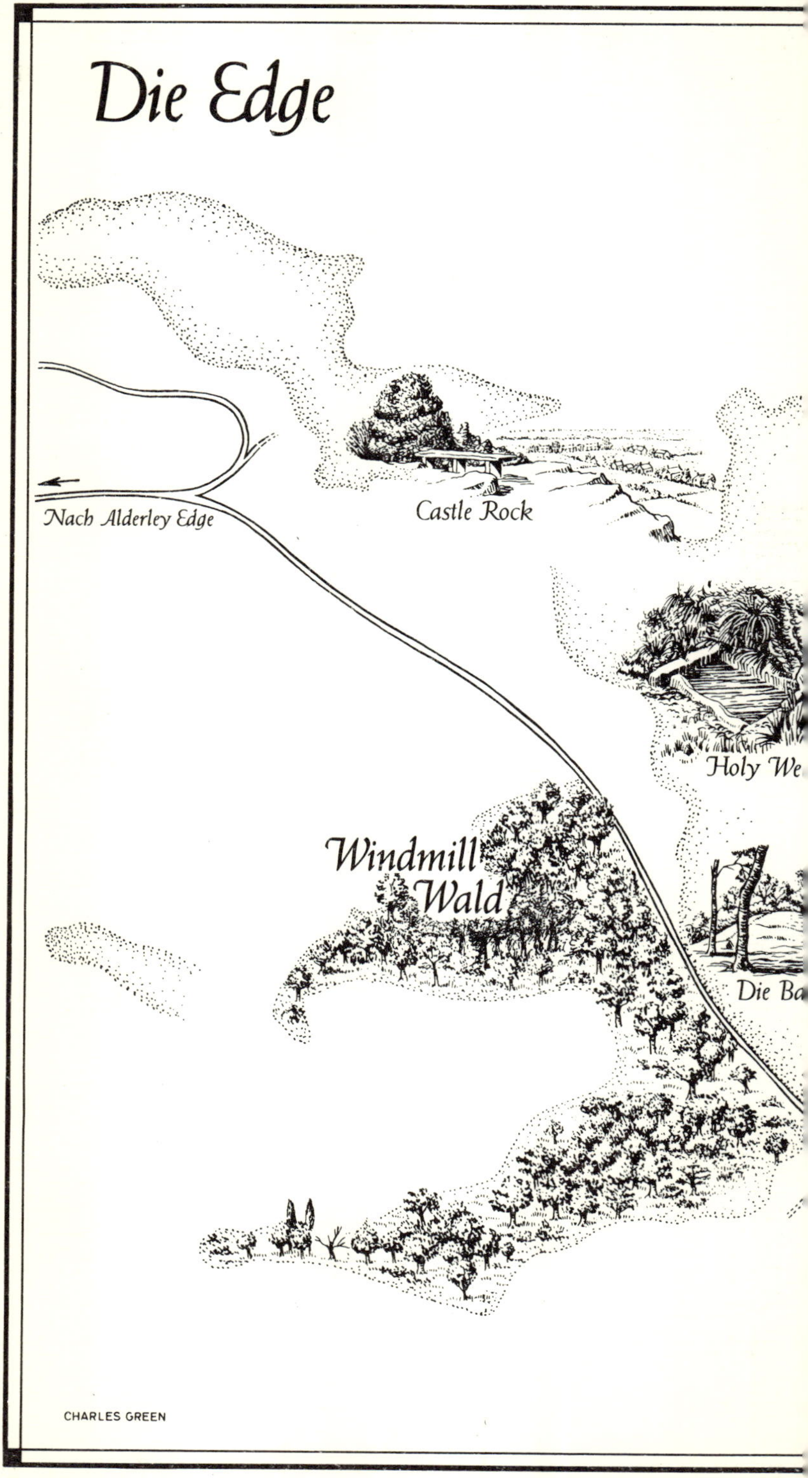
Die Edge
Nach Alderley Edge
Castle Rock
Holy We
Windmill Wald
Die Ba
CHARLES GREEN